Loris F. Capovilla

I miei anni con Papa Giovanni XXIII

Conversazione con Ezio Bolis

Rizzoli

ISBN 978-88-17-06606-8

Prima edizione: maggio 2013

Il volume è frutto della collaborazione con la
Fondazione Papa Giovanni XXIII di Bergamo.

Con il prezioso contributo di Ivan Bastoni.

«Che cosa sarà mai di me nell'avvenire? Sarò un bravo teologo, un giurista insigne, un parroco di campagna, oppure un semplice povero prete? Un vescovo, un cardinale, un diplomatico, un papa? Che importa a me di tutto ciò? Devo essere niente di tutto questo ed anche di più di questo secondo le disposizioni divine.»

Angelo Giuseppe Roncalli,
Giornale dell'Anima
(1-10 agosto 1904, paragrafo 429)

Introduzione

Il custode della memoria

di Ezio Bolis

28 febbraio 2013, ore 17. Siedo accanto a monsignor Capovilla. Accende il televisore per seguire in diretta le ultime fasi del pontificato di Benedetto XVI, che ha preso l'inattesa decisione di rassegnare le dimissioni. La telecamera posizionata sull'elicottero papale consegna alla storia immagini meravigliose. Davanti ai nostri occhi scorrono San Pietro, i Giardini Vaticani, le vie di Roma e poi i colli Albani, Castel Gandolfo, il lago, il palazzo papale, la piazza gremita di gente. Guardo di sottecchi il monsignore e indovino sul suo volto un'emozione trattenuta a stento. Quei luoghi gli sono familiari, ogni immagine gli spalanca brani di vita, grappoli di ricordi, infinite tracce di un passato ancora vivo che, come placida onda marina, gli riporta sulla riva dell'anima frammenti di esistenza e scintille di fede. La sua mente torna a cinquant'anni fa: lui era lì, a fianco di Papa Giovanni XXIII, il Papa del Concilio, il Papa della bontà, il Papa della Pacem in terris.

Nonostante la sua lunga e ben documentata esperienza pastorale, monsignor Capovilla ha fatto il possibile per non stare al centro dell'attenzione. La sua voglia di annullarsi, per farsi tramite di un messaggio ben più importante della sua persona, ha fatto sì che di lui si perdessero un po' le tracce. Complice il suo profondo e intimo desiderio di non parlare di sé, la sua biografia è sempre passata in secondo piano. È bene quindi che il lettore, seppur rapidamente, faccia conoscenza con la vita di quest'uomo.

Loris Francesco Capovilla è nato il 14 ottobre 1915 a Pontelungo, in provincia di Padova. Il padre, impiegato amministrativo in uno zuccherificio, muore quando Loris è ancora piccolo, lasciandolo solo con la mamma e la sorella. Nel 1929, i tre si stabiliscono a Mestre e Loris entra nel seminario patriarcale di Venezia, dove segue con buon profitto gli studi. Si alimenta non soltanto di teologia e di spiritualità, ma anche di storia, di sociologia, di letteratura. Deve la sua formazione alla famiglia, in particolare a sua madre, donna forte, solida, molto religiosa, ligia ai principi e ai valori cristiani. Importante è anche la traccia lasciata in lui dall'Azione Cattolica alla quale si iscrive nel 1926.

Don Loris viene ordinato sacerdote con altri dieci compagni nella basilica della Salute, a Venezia, il 23 maggio 1940, solennità del Corpus Domini. *Il rito di consacrazione è officiato dal cardinale Piazza. L'Italia entra in guerra qualche giorno dopo. Mentre il sacerdote novello pregusta la gioia della prima messa cantata nel duomo di Mestre, gli anglo-americani scatenano il primo bombardamento su Mestre-Marghera e la festa per don Loris va in fumo.*

Monsignor Ettore Bressan, rettore del seminario, vuole che prosegua gli studi. Nel frattempo gli affidano diversi incarichi: coadiutore a San Zaccaria, catechista al Paolo Sarpi, cerimoniere capitolare a San Marco, assistente diocesano degli studenti delle scuole superiori. Due anni dopo gli propongono di diventare cappellano militare. È destinato all'Armir, corpo di spedizione in Russia, ma all'ospedale militare di Mantova lo giudicano inadatto e così viene dirottato all'aeroporto di Parma per l'assistenza religiosa ad allievi ufficiali e avieri. Su richiesta del vescovo di quella città, monsignor Colli, accetta di dare una mano anche al seminario minore, nella direzione spirituale dei ragazzi.

Sono anni di guerra, anni in cui il buio è talmente fitto da spingere gli uomini di buona volontà a rincorrere e coltivare anche le più piccole scintille di speranza. È un periodo fondamentale per la formazione spirituale di don Loris.

Con l'armistizio dell'8 settembre 1943 i tedeschi, alleati fino al giorno prima, si trasformano in oppressori desiderosi di vendetta e ritorsione. Per i soldati italiani che non riescono a nascondersi subito, la destinazione è l'internamento e la prigionia in Germania. Don Loris non si perde d'animo. Il 9 settembre, dopo la messa, inforca la bicicletta e raggiunge l'aeroporto Natale Palli, dove un gruppo di avieri italiani è trattenuto in attesa di deportazione. Per tre giorni, con la scusa di dover trasportare oggetti sacri dal suo ufficio in seminario, don Loris ottiene dai soldati tedeschi l'autorizzazione a farsi aiutare da qualcuno degli avieri. Ogni giorno porta via con sé un gruppetto di militi italiani che, ovviamente, non tornano all'aeroporto. Grazie a questo stratagemma, don Loris salva la vita a ben dieci avieri, un'impresa che gli varrà la Croce al merito di guerra.

Nel secondo dopoguerra, don Loris si butta a capofitto in vari campi dell'attività pastorale. Sono gli anni Cinquanta, quelli del boom economico e della Guerra fredda. Anche nella Chiesa si sente il bisogno di rinnovare stili e strutture, tanto che qualche storico ha parlato di «fine del regime di cristianità». È ormai finito il tempo in cui le gerarchie ecclesiastiche erano da tutti ascoltate quando pronunciavano direttive in campo economico, politico, sociale: altruismo, impegno, spirito religioso sono ormai considerati concetti applicabili solo in un ambito individuale.

È in questo periodo che Roncalli e Capovilla intraprendono – prima a distanza, poi uno al fianco dell'altro – un cammino comune all'ombra di un Papa complesso e ricco di sfumature come fu Pio XII.

Il pontificato di Papa Pacelli (1939-1958) si contraddistingue per un magistero di alto profilo: si pensi alle *grandi encicliche (*Mystici Corporis Christi, Divino Afflante Spiritu, Mediator Dei*), la definizione del dogma dell'Assunta, i radiomessaggi natalizi nei quali condanna ogni totalitarismo, ribadisce la dignità della persona umana e traccia gli indirizzi del nuovo ordine democratico mondiale. Questi e altri aspetti positivi non possono far dimenticare i limiti di questo pontificato. Pio XII è lavoratore instancabile ma grande accentratore: non vuole collaboratori ma esecutori. Egli si isola sempre di più, perdendo il contatto vivo e diretto con la «base» della Chiesa. Negative sono anche le conseguenze della scomunica del comunismo, che contribuisce a dividere ancora di più, a rialzare gli «storici steccati» e a consolidare nelle masse operaie la convinzione che la Chiesa sta dalla parte dei potenti, che la religione non comprende le giuste rivendicazioni sociali. Di tutto ciò monsignor Capovilla è testimone diretto e partecipe. Perciò non può che condividere gli auspici espressi da gran parte dell'episcopato mondiale all'inizio del Concilio Vaticano II, voluto da Papa Giovanni XXIII: l'aspirazione a una netta distinzione tra religione e politica, la richiesta di riconoscere più autorità e autonomia ai vescovi, il desiderio di introdurre la lingua volgare nella liturgia.*

Dopo aver servito Roncalli per dieci anni, prima a Venezia poi a Roma, monsignor Capovilla da mezzo secolo ne custodisce fedelmente la memoria, sempre pronto a dispensare perle preziose di quel tesoro di sapienza umana ed evangelica che Papa Giovanni ha lasciato alla Chiesa e al mondo. Ancora oggi egli è punto di riferimento indispensabile per chiunque voglia conoscere a fondo la figura di Papa Giovanni XXIII. Decine di libri e di articoli, innumerevoli interviste a televisioni di tutto il mondo, partecipazioni a documentari storici, migliaia di incontri personali con vescovi, preti e capi di Stato, studiosi e giornalisti, ma anche uomini, donne semplici, giovani in ricerca, credenti e non credenti, provenienti da tutto il mondo. Si direbbe che, tra le tante lezioni apprese da Papa Giovanni, monsignor Capovilla abbia imparato soprattutto l'arte dell'ascolto attento e del dialogo aperto, il gusto della relazione amichevole e della conversazione schietta, il rispetto per ogni persona, qualunque sia la sua condizione o il suo pensiero.

Sono ancora impresse nella mia mente le parole che egli pronunciò il 27 giugno 2011, in occasione della laurea honoris causa *conferitagli dall'Istituto Europeo dell'Accademia Russa delle Scienze. Riprendendo un passo del* De Consideratione *di san Bernardo a Papa Eugenio III, disse: «C'è bisogno di preti che nessuno e niente temano tranne Iddio; in nessuno e in niente pongano fiducia se non in Dio». E citò quasi come rivolte a sé le consegne del vescovo Radini-Tedeschi al suo allora giovane segretario Roncalli: «Don Angelo, il cuore crocifisso e il sorriso sulle labbra. Ricòrdatelo:*

per fare il prete bisogna pensare in grande, guardare alto e lontano».

In quella circostanza monsignor Capovilla diede di sé questa rara e stupenda descrizione: «Intimidito, innanzi a voi sta un vecchio uomo, un vecchio italiano che è prete da settantun anni. Prete sembra vocabolo scarno e povero. La qualifica di presbyter *è, tuttavia, carica di prestigio, collocata tra storia e leggenda, poesia e profezia. Sta innanzi a voi non il segretario particolare di Papa Giovanni. Direi troppo, in tono protocollare. Meglio chiarire che sono stato un suo contubernale – lo sono tuttora – com'egli stesso volle definirmi; uomo di fatica e di fiducia, tuttofare, esecutore di incombenze suggerite da pietà, carità, cortesia,* parresìa*; diciamolo alla buona: l'anonimo, che prega e soffre con il suo* Dominus et Pater*, spezza il pane con lui, ascolta, riflette, tace».*

Vidi per la prima volta monsignor Capovilla molti anni fa: ero ancora adolescente e lui venne nella mia parrocchia ad amministrare la cresima. In seguito ci furono altre occasioni di incontro, ma sempre fugaci, fino a quando mi fu affidata la direzione della Fondazione Papa Giovanni XXIII, che custodisce il prezioso archivio personale di Papa Roncalli, donato da monsignor Capovilla, al quale il Pontefice l'aveva lasciato. Da allora le nostre frequentazioni si sono fatte sempre più fitte, offrendomi l'opportunità non solo di raccogliere testimonianze uniche, ma soprattutto di conoscere un uomo, un cristiano e un vescovo d'eccezione. Ogni colloquio con lui lascia in me una grata ammirazione per la sua passione trepidante a favore della Chiesa e dell'umanità. Mi conquistano la sua memoria prodigiosa, la parola calda, talvolta rotta dalla commozione quando ricorda Papa Giovanni, l'attenzione alle persone semplici, i giudizi schietti su uomini e cose.

*Per raccogliere i ricordi presenti in queste pagine, ho visitato il monsignore a Sotto il Monte, il paese natale di Papa Giovanni, in una dépendance riadattata dell'antico palazzo di Ca' Maitino, già residenza estiva di monsignor Roncalli fin dal 1925 e ora luogo dove ancora tutto parla di lui. Qui monsignor Capovilla accoglie cordialmente coloro – e sono tanti! – che si recano da lui desiderosi di ascoltare una parola, una memoria, una testimonianza su Papa Giovanni XXIII. Dichiara: «Tutto è grazia. L'ho sperimentato e lo verifico ogni giorno, tramite il rapporto aperto e spontaneo con anziani, bimbi, donne e uomini assai diversi tra loro... Con tutti converso dall'*Angelus *del mattino all'*Ave Maria *di notte. Nei riguardi di ciascuno coltivo stima, affetto e riconoscenza. La maggior parte è costituita da credenti praticanti. Ci sono pure trepidi e cosiddetti lontani. Alcuni, sorretti per altro da coscienza vigile e illuminata, sono in ricerca. Questi, anzitutto questi, accolgo con delicata cortesia». L'anagrafe ecclesiale di don Loris registra settantatré anni di sacerdozio e quarantasei da vescovo. Quella civile ne segna novantotto il prossimo 14 ottobre, portati splendidamente. Con* *quel modo arguto e scherzoso che lo contraddistingue, dichiara di essere ormai vicinissimo a poter appoggiare le mani sulle cime più alte.*

Questo libro è nato conversando a lungo, per ore e giorni. Monsignor Capovilla ha aperto con semplicità e affabilità il libro dei suoi ricordi. Attraverso la sua voce forte e calda ho potuto «incontrare» Papa Giovanni non come un personaggio collocato in una nicchia o negli archivi di un lontano passato, ma come uno di casa, un padre che, a cinquant'anni dalla morte, continua a suscitare interesse, simpatia dentro e fuori la Chiesa cattolica, e incoraggia al buon cammino credenti e uomini di buona volontà, oltre che appassionare ancora storici e teologi. A questi colloqui familiari si sono aggiunti altri ricordi che monsignor Capovilla ha dispensato con abbondanza e che negli anni sono stati raccolti dalla sua viva voce.

Per venire incontro al lettore, che a volte – o per inesperienza o perché troppo giovane per ricordare – potrebbe imbattersi in eventi e in figure lontani nel tempo, si è scelto di aprire ogni capitolo con un mio piccolo corsivo che introduce brevemente gli argomenti e riannoda qualche filo.

Ma soprattutto queste mie rapide annotazioni servono a supplire, quando necessario, alle poche parole che monsignor Capovilla dedica alla sua vita. Di tanto in tanto, infatti, è stato indispensabile aggiungere qualche approfondimento non solo per descrivere il contesto storico in cui il pontificato giovanneo ebbe luogo, ma anche per appuntare le tappe della biografia di monsignor Capovilla. Questa sua ritrosia a parlar di sé, questa sua sincera voglia di ritagliarsi il ruolo più piccolo in queste pagine lo rendono un uomo ancor più degno della mia profonda gratitudine.

I miei anni con Papa Giovanni XXIII

Il Giornale dell'Anima *è il documento più importante per comprendere il cammino spirituale e l'intera vita di Papa Giovanni XXIII. Si tratta di una raccolta di appunti, di quaderni e foglietti, manoscritti o dattiloscritti, legati ad alcune occasioni particolari, come ritiri ed esercizi spirituali, dal 1895 al 1962.*

Pur nella crescente maturazione, colpisce la singolare continuità di temi e di stile nelle diverse tappe della sua esistenza. Materia di questa lunga e sapiente meditazione sono le varie situazioni della vita: gioie e dolori, nascite e morti, tutto è ripreso, interpretato e ricollocato nel più ampio scenario della storia della salvezza.

Dal Giornale dell'Anima *emerge un cristiano che, con fedeltà e obiettività, si pone in ascolto della propria coscienza, e diventa progressivamente capace di riconoscere il progetto di Dio su di sé, di aderire senza sconti alla logica del Vangelo, di leggere alla luce della fede successi e sconfitte, di cogliere la presenza divina nelle persone e negli eventi più diversi.*

È soprattutto attraverso lo studio e la raccolta di queste pagine sparse lungo una vita che monsignor Capovilla diverrà il custode della memoria di Giovanni XXIII.

EB

Prologo

Il giovane severo e l'anziano sorridente

Cinquant'anni fa, nella mia introduzione al *Giornale dell'Anima* – il diario che Papa Giovanni compilò dal 1895 fino alla sua morte –, affermavo che sfogliare quelle pagine era un privilegio. Leggendole, infatti, si diventa spettatori delle riflessioni di un giovanetto che, mentre si prepara a ricevere l'abito talare e la tonsura, trascrive in un quadernino da quattro soldi le gravi parole rivolte ai seminaristi dal Concilio di Trento: «I chiamati al servizio di Dio devono coniugare vita e costumi, in modo che nell'abbigliamento, nel contegno, nelle parole e in tutto il resto lascino trasparire se non dignità, moderazione, pietà singolare». Di questo precetto, il giovane Roncalli farà una norma per tutta la vita.

Prima che maestro e pastore, Papa Giovanni è stato un semplice prete, condiscepolo e contemporaneo di moltissimi altri, vissuti giorno dopo giorno dentro gli schemi sicuri della dottrina. Se attraversiamo le immagini della sua vita, dalla prima foto che lo ritrae chierico ventenne all'ultima in cui da Pontefice si congeda dalla finestra dell'*Angelus*, rivediamo sempre l'ecclesiastico che non lascia trasparire altro «se non dignità, moderazione, pietà», portando la parola di Dio ai fedeli e persino agli indifferenti.

A scorrere con calma le pagine del *Giornale dell'Anima*, il lettore rivede fin dalle prime annotazioni giovanili la fibra di quello che diventerà Papa Giovanni: il prete umile e mansueto che si ritiene un *dappoco*, né indispensabile né prezioso, che custodisce la fede semplice dei suoi conterranei e quella matura del contemplativo, che ama i suoi simili senza preconcetti, che onora l'amicizia ma non se ne lascia condizionare, e che perdona, perdona sempre, perdona tutto.

Ricordo sempre un passo cruciale del discorso che tenne il 4 novembre del 1958, il giorno della sua incoronazione.

> Il nuovo Papa, arrivato quassù dopo notevoli esperienze, può ben essere paragonato al figlio di Giacobbe, che incontrandosi coi suoi fratelli prostrati da gravissime sventure, scopre a loro la tenerezza del cuor suo, e scoppiando in pianto dice: «Son io, il vostro fratello Giuseppe».

L'immagine gli era così familiare e cara che gli tornò dinanzi agli occhi la sera dell'11 ottobre 1962, all'apertura del Concilio Vaticano II, davanti allo spettacolo della marea di fiaccole sollevata da una folla venuta da ogni parte del mondo per acclamarlo. Quello che sarebbe passato alla storia come il Discorso della Luna conteneva infatti un piccolo ma pregnante richiamo alle parole che il patriarca Giuseppe aveva pronunciato in lacrime: «La mia persona conta niente: è un fratello che parla a voi, un fratello divenuto padre per volontà di Nostro Signore».

Ma non fu Giovanni XXIII il Papa sorridente? I romani, assai cortesi e poco inclini a drammatizzare, presero a chiamarlo «Giovannino nostro». Lui lasciava correre, ma un poco se ne affliggeva, ed ebbe occasione di dirlo apertamente nel gennaio del 1959: «Vi dirò in tutta confidenza che l'abituale serenità dello spirito che traspare dal mio volto, e cui si allietano i miei figli, nasconde l'interno strazio e l'affanno dell'animo».

Era la visione netta, non idilliaca, che aveva del mondo. Non ignorava che gli uomini son raminghi e disorientati, miseri e affamati, diffidenti l'un l'altro, tormentati da rimorsi per il male compiuto. E non solo i laici. Talvolta, seppure in misura diversa, anche i sacerdoti.

Sapeva che gli uomini han bisogno di un codice e di strutture, come quelli deliberati dal Concilio, ma prima di tutto necessitano di perdono e consolazione, di verità e di giustizia, di misericordia e di libertà.

Papa Giovanni fu uomo solido, religioso in senso

pieno e alto, non amante di singolarità né di effusioni sentimentali. Fu un cristiano sincero, non per abitudine o semplicemente per tradizione. Per questo riuscì a parlare al cuore dei miseri nelle carni o nello spirito, per questo non si fece mai intimidire dai potenti.

Sembra sia stato pensato per lui l'elogio che il Siracide fa di Samuele (*Sir* 46,15-20) e sembra che si debba partire proprio da queste parole per meglio comprendere la natura e la missione di quest'uomo:

> Per la sua fedeltà si dimostrò profeta e per le sue parole si dimostrò veggente verace. Invocò il Signore onnipotente quando i nemici gli premevano intorno [...]. Prima del riposo eterno poté attestare davanti al Signore e al suo Messia: «Niente ho preso da nessuno, neppure un paio di sandali». E nessuno poté contraddirlo. Dopo che s'era addormentato, profetizzò ancora. Anche dal sepolcro levò la sua voce.

Ecco allora che l'appellativo di «Papa buono», per quanto veritiero, finisce per essere riduttivo e rischia di spingere a giudizi affrettati e semplificanti. Perché in Giovanni XXIII coabitava in totale armonia una grande varietà di sfumature. Il giovane chierico che si appunta nel diario le severe disposizioni conciliari in fatto di vestiario e condotta, il cappellano che cura e consola i feriti della Grande guerra, il sacerdote che affronta con entusiasmo l'asprezza del primo dopoguerra, il vescovo cosmopolita che gestisce con competenza i tesi rapporti diplomatici di un'Europa stravolta dalla Seconda guerra mondiale, il Pontefice sorridente eppur profondamente consapevole dei mali del mondo.

Chi era dunque Angelo Giuseppe Roncalli?

Allo scoppio della Seconda guerra mondiale, monsignor Roncalli si trovava a Istanbul, con alle spalle una consolidata esperienza umana e pastorale. Qualche mese dopo l'ordinazione sacerdotale, nel 1905 era diventato segretario del nuovo vescovo di Bergamo, monsignor Radini-Tedeschi, ufficio che avrebbe ricoperto fino al 1914. In quegli stessi anni aveva prestato servizio in seminario, insegnando, scrivendo e collaborando a molteplici iniziative diocesane. Aveva anche combattuto la Grande guerra, come cappellano in servizio presso l'ospedale militare di Bergamo.

Nel 1921 era stato chiamato a Roma da Papa Benedetto XV per presiedere il Consiglio centrale della Pontificia Opera per la Propagazione della Fede, mansione che lo aveva messo in stretto contatto con molte diocesi italiane e con vari centri missionari sparsi in Europa: Francia, Belgio, Olanda, Germania. Nel 1925 era stato eletto vescovo e, ispirandosi al cardinale Cesare Baronio, insigne storico del XVI secolo, del quale anni prima aveva tracciato uno splendido profilo, aveva scelto il motto episcopale «Oboedientia et pax»*: un programma di vita.*

In seguito, Papa Pio XI lo aveva mandato in Bulgaria in qualità di visitatore apostolico, dove sarebbe rimasto fino al 1934, anno del trasferimento a Istanbul come delegato apostolico per la Turchia e la Grecia, e insieme vicario apostolico per i pochi cattolici di rito latino che risiedevano in quelle terre.

In trent'anni di sacerdozio, monsignor Roncalli ha viaggiato e vissuto in molti luoghi, ma la guerra che è alle porte trasformerà radicalmente l'Europa che ha conosciuto.

In quegli stessi anni, Loris Capovilla è appena ventenne. Non è ancora sacerdote e ha visto ben poco all'infuori della fetta di Veneto in cui è cresciuto.

Eppure, in modi diversi, la drammatica esperienza del secondo conflitto mondiale segnerà fortemente le vite di Roncalli e di Capovilla, insieme a quelle di moltissimi altri sacerdoti di quella generazione, come don Primo Mazzolari o don Carlo Gnocchi. Schiacciati da un potere politico impazzito, sottoposti a indicibili privazioni e sofferenze, questi preti sono stati totalmente solidali con la loro gente. Prestando soccorso, asciugando lacrime, infondendo coraggio, hanno preparato e costruito un'era di pace sulle ceneri di tanta distruzione.

La comune esperienza della guerra accomuna Roncalli e Capovilla: due vite destinate a incontrarsi.

EB

1

Albori

Nel 1943, eravamo nel pieno della guerra, il Natale cadde in una Italia spaccata in due, occupata da armate tedesche e alleate: terra bruciata e sconvolta, gente terrorizzata da bombardamenti aerei non sempre mirati; migliaia di prigionieri italiani disseminati in Europa e negli altri continenti; ebrei braccati uno per uno.

La vigilia di quel terribile Natale, nel suo radiomessaggio ai popoli del mondo intero, Pio XII abbozzava a tinte forti il fosco quadro: la persona umana è sfruttata più che mai. Cresciuto il divario tra la «triste paurosa indigenza» degli uni e la «superba e provocante opulenza degli altri»; innumerevoli i fallimenti di una cultura senza Dio, la cui scienza aveva preteso di spiegare la vita col solo rigido e deterministico concatenamento di ferree leggi naturali, rivelatosi servaggio dell'uomo, il quale, «scoronato com'è, non riprenderà la dignità primitiva, se non con un ritorno al Verbo eterno».

Otto anni prima, il 2 dicembre del 1935, nel pieno

della guerra d'Etiopia, l'arcivescovo Roncalli aveva scritto ai suoi familiari: «In questi mesi tutto il mondo è in subbuglio. Bisogna pregare per questo mondo tanto agitato. Bisogna pregare per la nostra Italia. Sono questioni grosse e c'è pericolo, a ragionarne, di sbagliare. Certo è però che tornano le antiche favole. Il pesce grosso vorrebbe mangiare il più piccolo. Il più piccolo dice che il mare è grande ed è di tutti. Basta, speriamo che la guerra cessi presto, perché è sempre la guerra».

Natale 1943, paura e diffidenza, freddo e fame. Mi resta sul cuore il ricordo delle mie visite a un'ottima signora israelita che viveva nel terrore, rintanata nel gelido sottotetto di una casa veneziana, accanto a suo marito cattolico praticante. Creature d'elezione entrambi. La donna aveva ricevuto il battesimo. Non mi chiedevo allora se per ispirazione divina o sotto l'incalzare degli eventi.

In quelle tragiche ore, tra angosce e interrogativi, io sentivo respirare l'amore dentro di me e attorno a me. Non eravamo tutti malvagi. L'odio non attecchiva nella maggior parte di noi. Non eravamo perduti. I più condividevano disagi e privazioni con tutti gli altri, come aveva chiesto l'arcivescovo Roncalli il 25 giugno del 1942, rivolgendosi alla sua gente di campagna: «Siate fedeli ad ogni costo alle leggi dello Stato. Non frodate in nulla le disposizioni civili o militari. Quelli che vogliono essere furbi sfuggendo alle leggi del momento, sulle derrate, sugli ammassi, sui prezzi, sono degli infelici. Non credete alle ricchezze accumulate dagli sfruttatori, i quali oltre a perdere l'onore e la testimonianza della buona coscienza, finiscono sempre col compromettere tutto innanzi a Dio e innanzi agli uomini per il presente e per l'avvenire».

Cosa hanno veduto i nostri occhi in quegli anni, nei tempi che seguirono e in quelli che viviamo! Mille sciagure e un'interminabile litania di infortuni. Come durante il primo conflitto mondiale proliferò il fenomeno dei «pescicani», gli arricchiti con profitti di armi e di derrate alimentari, così dopo il secondo esplose il fenomeno del «gattopardismo», con risultante inquinamento dei partiti.

Ciò che maggiormente affligge è l'ignoranza della storia, che dovrebbe essere «testimone dei tempi, luce di verità, alimento della memoria, maestra di vita, messaggera dell'antichità», come ci ricorda Cicerone nel *De oratore*.

Nel 1944, sul finire della Seconda guerra mondiale, Roncalli era a Istanbul. Di lì a poco, Pio XII lo avrebbe nominato nunzio apostolico a Parigi, ma in quegli ultimi giorni sul Bosforo, Roncalli si chiedeva cosa dovesse aspettarsi la Chiesa dall'imprevedibile orizzonte di riassestamenti internazionali che avrebbero ridisegnato la mappa e gli equilibri del mondo postbellico.

È proprio a Pasqua di quell'anno che Roncalli scrive: «Voci discordanti hanno annunziato giorni tristi che verranno per la Chiesa. Nessun timore. Nell'ora del diluvio universale Iddio aveva raccolto nell'arca noetica il segreto della novella vita. Osservate la Chiesa nell'attuale conflitto. Essa veleggia sulle acque. Quando la tormenta sarà passata, essa si poserà sulle rovine e riaprirà i suoi tesori per la salute e la ristorazione del mondo. Certo ci potranno essere dei sacrifici, nuovi sacrifici di sangue. Non sarà che la continuazione del sangue di Cristo che salva e redime».

Mentre l'arcivescovo Roncalli prefigurava un ritorno salvifico della Chiesa in soccorso di un'umanità da ricostruire, lo scacchiere mondiale era più instabile che mai. E non a caso nelle sue parole il futuro Papa non escludeva le difficoltà che la fine del conflitto avrebbe comportato. Le potenze in gioco avrebbero fatto qualsiasi cosa, rischiato qualsiasi carta e compromesso ogni bene pur di conquistare un ruolo egemone o, perlomeno, strappare più terra possibile.

Ciascuno dei fronti contrapposti, gli Alleati e l'Asse, proponeva la nuova carta di assestamento del pianeta. Ogni Paese, qualora fosse uscito vincitore dal conflitto, avrebbe imposto nuovi confini, nuove aree di influenza, nuove leggi. Alcuni già ipotizzavano un ampio vertice diplomatico per coordinare le scelte e le azioni politiche che avrebbero inaugurato questo nuovo mondo. Sempre in quelle pagine del 1944, l'arcivescovo Roncalli commentava questa ipotesi con un'obiettività lungimirante: «La voce di un gran popolo arriva al nostro orecchio per preconizzare la costituzione di una carta mondiale della pace, di una legislazione, di un parlamento, di un governo mondiale. E si aggiunge che si potrà pure preparare una polizia mondiale. Guardiamoci dalle utopie. Il Testamento di Gesù, ecco la carta della pace mondiale. Ecco l'organizzazione del mondo: la dottrina evangelica, tal quale la Chiesa continua ad insegnarla da tanti secoli».

Era la radicata convinzione dell'uomo di fede, una certezza che lo animò anche nel suo ruolo di nunzio apostolico a Parigi, e che rivelò quando nel febbraio del 1947 si ritrovò a commentare l'avvio dei trattati di pace nella capitale francese. Così scriveva nella sua agenda: «Credetti bene di partecipare al solenne ricevimento all'Eliseo coi firmatari della pace. A Bidault [Georges, ministro degli Esteri francese], che oggi aveva presieduto all'avvenimento, e che fu molto amabile per il nunzio, dissi: "Benvenuta la sposa anche se un poco *boiteuse* [zoppa]"».

La sensazione provata il primo giorno si ripresentò assai più amara l'indomani: «Le impressioni circa la pace di ieri sono meste. D'altra parte era logico che si venisse ad una conclusione. Bisogna scaldare l'ottimismo. Bisogna confidare in Dio, più che negli uomini. Madonna di Lourdes, regina della pace, prega per noi».

Colui che erroneamente verrà definito «ostinato ottimista» rivelava in quel testo il pessimismo della ragione. Difatti poco dopo l'umanità venne introdotta nel clima della Guerra fredda. Si accesero focolai di lotte armate. Gli eserciti si fronteggiarono. Sollevazioni, ribellioni, conflitti sociali si moltiplicarono all'interno delle nazioni.

I «nuovi sacrifici di sangue» di cui Roncalli parlava a Pasqua del 1944, purtroppo, non sarebbero mancati.

Concluso il servizio come cappellano militare e tornato a Venezia nel dicembre del 1943, don Loris Capovilla paga lo scotto di tante fatiche e apprensioni con tre anni di malattia. Per tenerlo occupato, gli viene affidato il ministero di cappellano all'ospedale per gli infettivi, a Santa Maria delle Grazie, in mezzo alla laguna. In seguito si aggiunge l'impegno negli studi radiofonici della Rai di Venezia, dove tiene il commento al Vangelo della domenica. Nel 1949 il patriarca Carlo Agostini lo designa alla direzione della «Voce di San Marco». Poi gli affida anche la pagina locale quotidiana dell'«Avvenire d'Italia», affiancandogli un giovane e colto universitario: Tito Cortese.

Con la sua Olivetti 22, acquistata a rate, don Loris lavora nella direzione del giornale, ospitata in un piccolo locale. In uno scatolone del suo archivio conserva ancora le trascrizioni delle sue conversazioni domenicali alla Rai di Venezia. Esse documentano l'ansia materna della Chiesa, il rifiuto della retorica e della violenza, la tensione al dialogo di quegli anni.

Questo giovane prete, preso da mille impegni, diventerà di lì a poco il segretario particolare del nuovo patriarca di Venezia: un uomo di oltre settant'anni, reduce da un delicato impegno diplomatico a Parigi. In laguna non lo conosce quasi nessuno. Si chiama Angelo Giuseppe Roncalli.

EB

2

L’incontro

Avevo appena vent'anni quando per la prima volta sentii parlare di Angelo Giuseppe Roncalli. Era il 1935 e, come sempre, mi procuravo l'«Annuario dell'Italia cattolica», una pubblicazione che raccoglieva quanto avvenuto in seno alla Chiesa nel corso dell'anno appena chiuso. Non ero stato ancora ordinato sacerdote, ma già mi incuriosiva molto sapere quel che accadeva nel mondo, sapere il nome dei vescovi e dei cardinali, seguire gli atti del Papa, leggere i discorsi principali.

Nel novembre del 1934 Roncalli era stato traslato da Sofia a Istanbul e aveva ottenuto una promozione: mentre in Bulgaria era solo delegato pontificio, in Turchia divenne anche vicario apostolico per i latini. Sull'«Annuario» del '35 la notizia era riportata in pochissime righe, accompagnate da un piccolo ritratto fotografico: il volto sorridente di questo prete mi rimase impresso e negli anni a venire mi ritrovai a seguirne l'operato ovunque mi capitasse di leggerne.

Le rare volte in cui, durante la Seconda guerra mondiale, l'«Osservatore Romano» scriveva dell'aiuto che monsignor Roncalli dava alle persone colpite dal conflitto, mi sentivo ispirato dalle azioni di quest'uomo, pur non conoscendolo di persona.

Nel 1950, a quindici anni da quel primo «incontro», ero ormai prete da un decennio e svolgevo i miei compiti nella diocesi di Venezia. In quell'anno ricorrevano le celebrazioni per i duecento anni dalla morte di Pietro Manug Mechitar, monaco benedettino armeno fondatore della Congregazione mechitarista, un ordine religioso nato nel 1700. A causa dei difficili rapporti con i musulmani in patria, l'ordine aveva dovuto accettare l'ospitalità della Serenissima che, nel 1717, aveva offerto loro l'isola di San Lazzaro. Nel corso di due secoli e mezzo, i mechitaristi armeni avevano acquisito una certa rilevanza, riuscendo a creare – fra le altre cose – una sede madre nella città lagunare (dotata di una prestigiosa biblioteca) e due collegi a Vienna e a Parigi.

In occasione di quella ricorrenza, la Congregazione invitò le personalità di queste due importanti capitali europee, e fra queste c'era Angelo Giuseppe Roncalli, all'epoca nunzio apostolico a Parigi.

In quegli stessi giorni, l'allora patriarca di Venezia Carlo Agostini era impegnato a Roma in un congresso, pertanto mi chiese di accogliere il nunzio di Parigi per spiegargli le ragioni della sua assenza e porgergli i suoi omaggi.

Era settembre e lo incontrai all'isola di San Lazzaro. Prima mi ero informato su che tipo fosse: non ero abituato a trattare con personalità diplomatiche di quello spessore internazionale e temevo di non essere all'altezza della situazione. Mi rassicurarono che si trattava di un uomo gentile, affabile, allora presi coraggio e lo approcciai.

Quale sorpresa mi colse quando mi resi conto che le rassicurazioni ricevute descrivevano a malapena le qualità di quell'uomo! Definirlo affabile era riduttivo: io non ero che un giovane sacerdote, eppure lui cominciò a parlarmi con una dolcezza tale che subito mi persi nei suoi racconti.

Mi parlò del suo impegno, delle sue missioni in terre difficili e per me lontanissime come la Bulgaria e la Turchia, di quei delicati anni parigini passati all'ombra della guerra.

«Eccellenza» lo interruppi, «lei è proprio quello che ho visto quindici anni fa.»

Roncalli rimase un po' spiazzato, come se stesse cercando di recuperare il ricordo di un nostro incontro in qualche angolo della memoria.

«Perché... ci siamo già incontrati?» mi chiese incerto.

«Sì, su una rivista.»

Gli raccontai la storia di quel suo piccolo ritratto sull'«Annuario dell'Italia cattolica» che tanto mi aveva colpito e lui si rallegrò per quel curioso aneddoto, dimostrandosi ancor più affettuoso e cordiale. Mi si rivolgeva con familiarità e con semplicità. Il suo modo di parlare mi sembrava tutt'altro che diplomatico. A me, giovane pretino sconosciuto, raccontava della sua vita a Parigi, dei suoi incontri con le personalità della politica e della cultura. Udendo le sue parole, sentii risuonare nel mio animo una sorta di voce soave e celeste che diceva: «Questo è l'uomo». Parole simili a quelle che poi sarebbero state dette di lui: «Venne un uomo il cui nome era Giovanni...».

L'incontro si concluse poco dopo, ma ne serbai un gran ricordo, tanto da dedicargli un articolo che scrissi per «La Voce di San Marco», il settimanale della diocesi di Venezia che allora dirigevo, da giornalista principiante. Il pezzo si intitolava «Incontro con un nunzio» e, una volta pubblicato, decisi di mandarne una copia alla segreteria della nunziatura a Parigi. Lo feci come gesto di cortesia e gratitudine, ma mai avrei pensato che di lì a poco mi sarebbe arrivata una risposta direttamente da Roncalli: «Caro don Loris, ho letto e mi compiaccio...». Nella mia semplice vita di provinciale non mi era mai capitato nulla del genere.

Colpito dalla sua gentilezza, nel dicembre di quello stesso anno, decisi di mandargli i miei auguri di Natale e anche in quel caso scelse di rispondermi di persona. Da quel momento in poi, per un paio d'anni, mi limitai a qualche piccolo biglietto per felicitarmi delle tappe della sua carriera ecclesiastica, piccole note a cui Roncalli replicava di suo pugno e sempre con profonda gentilezza.

Mai avrei pensato che quel semplice rapporto epistolare, se così possiamo definirlo, si sarebbe tradotto in un qualcosa di più, ma l'occasione si presentò all'inizio del 1953, grazie a due eventi che si susseguirono ad appena tre giorni di distanza.

Nel concistoro tenuto da Pio XII il 12 gennaio del '53, Roncalli venne annunciato cardinale. A Venezia, nel frattempo, il seggio del patriarca era rimasto vacante, poiché il patriarca Agostini era morto il 28 dicembre del 1952, e il 15 gennaio il Papa lo assegnò proprio a Roncalli, che era divenuto cardinale appena tre giorni prima.

Non appena il nome di Roncalli cominciò a circolare, in molti nella diocesi si fecero avanti incuriositi per chiedermi: «Don Loris, tu che lo conosci, com'è questo Roncalli?». Io rispondevo sempre con poche parole, cercando però di tranquillizzare tutti e bendisporli all'arrivo del nuovo patriarca.

Un giorno il vicario capitolare di Venezia monsignor Erminio Macacek, incaricato di gestire la diocesi mentre il seggio vescovile era vacante, mi convocò. Dirigevo il settimanale, quindi per me quelle visite erano pura routine. Quella volta però c'era qualcosa di diverso dal solito. Il vicario, un anziano parroco dedito anima e corpo alla sua missione, aveva ricevuto una lettera da

Parigi che lo aveva messo un po' in difficoltà. I vecchi preti, si sa, soprattutto se sono stati pastori molto attivi, hanno poca fiducia negli intellettuali, quindi nonostante avesse a sua disposizione un vicario generale come Alessandro Maria Gottardi (futuro arcivescovo di Trento) e un cancelliere come Agostino Ferrari Toniolo (che sarà uomo di punta dell'Azione cattolica), aveva preferito rivolgersi a me per sbrigare quella faccenda.

«Don Loris» mi disse, sollevato dal vedere qualcuno che avrebbe potuto aiutarlo, «mi ha scritto il nuovo patriarca.»

Parlava tenendo la lettera fra le mani, fissandola come per decifrare qualcosa che gli stava sfuggendo.

Nella lettera Roncalli scriveva che qualche giorno prima era passato dalla stazione della Gare de Lyon, e aveva notato che fra i treni ce n'era uno con la scritta «Paris-Venise-Venise-Paris» sui vagoni. Visto che le due città erano unite da un diretto, Roncalli esortava Macacek a fargli visita a Parigi, per conoscerlo e ragguagliarlo sugli impegni che avrebbe dovuto affrontare di lì a poco.

In poche parole si trattava di una visita di cortesia, ma la cosa metteva un po' d'ansia al vecchio parroco: aveva dedicato tutta la vita alla sua terra, ma non aveva mai messo piede fuori dal Veneto. L'idea di un viaggio all'estero lo preoccupava molto.

«Don Loris, lei che ne pensa?» mi chiese, con la segreta speranza che lo scoraggiassi.

«Monsignore, vada! È un'occasione importante per conoscere il patriarca.»

Macacek annaspava, cercava ogni scusa buona per declinare l'invito. A un certo punto tirò in ballo addirittura la sua fedelissima perpetua.

«Ma la Brigitta cosa dirà?» disse, in un estremo tentativo di dileguarsi.

«Ne sarà di certo felice!» risposi per tranquillizzarlo.

«Ma fino a Parigi... è troppo complicato...»

Capii che il povero vicario aveva bisogno di un po' di rassicurazioni, allora presi la situazione in pugno.

«Monsignore, non si preoccupi. Al passaporto e alle altre faccende burocratiche ci penso io. Se poi lo gradisce, la accompagnerò io stesso.»

«Sì, sì, venga!» esclamò, felice di aver trovato un compagno di viaggio.

E fu così che partimmo alla volta della Francia.

Arrivati a Parigi, fummo accolti alla stazione dal giovane segretario di Roncalli, che ci accompagnò in macchina fino alla sede della nunziatura e ci avvisò che quella sera si sarebbe tenuta un'importante cena con ospiti molto in vista, fra cui i più influenti esponenti politici dell'epoca.

Macacek e io ci sentivamo schiacciati dall'idea di sedere al tavolo con personalità così importanti, ed eravamo altrettanto sorpresi dal modo in cui queste alte cariche dello Stato si rivolgevano a Roncalli, indipendentemente dalla loro coloritura politica. Mi colpì sentire il discorso del presidente dell'Assemblée Nationale Édouard Herriot, un radicale che, nonostante fosse apertamente non praticante, ci tenne a ricordare la sua formazione religiosa.

«Il latino l'ho imparato da mio zio prete e ancora oggi, se lei volesse, sarei in grado di servire messa» disse scherzosamente Herriot rivolgendosi a Roncalli. «Lei ha voluto bene a noi e noi abbiamo voluto bene a lei. Questo è il ricordo che lei ha lasciato alla Francia e che speriamo la Francia abbia lasciato a lei.»

Essere stati invitati in una simile circostanza ci faceva sentire come dei pesci fuor d'acqua. E invece Roncalli era ben felice di averci con sé e a ogni occasione ci presentava ai suoi illustri conoscenti.

Ricordo lo stupore e il mio intimo imbarazzo di italiano quando vidi che il presidente del senato francese, Gaston Monnerville, era un uomo di colore, nipote di schiavi della Guyana Francese. Il mio Paese, pochi anni prima, aveva promulgato le leggi razziali, io invece, quella sera, ero stato accolto da un popolo che aveva eletto un nero a una delle più alte cariche dello Stato: una lezione di vita che non avrei mai dimenticato.

Restammo a Parigi cinque giorni e una di quelle sere il segretario di Roncalli mi mandò a chiamare dicendomi: «Senta, don Loris, il suo nuovo patriarca ha detto che sarebbe contento se lei accettasse di entrare a far parte della famiglia patriarcale».

Senza lasciarmi prendere dal panico, ricordo che gli risposi: «Sa, noi preti siamo abituati ad accettare ciò che il vescovo chiede. Devo, però, avvertirla che non ho nessuna pratica di questo servizio e sono inesperto specialmente sul piano amministrativo. Inoltre non ho relazioni di nessun genere, insegno religione a scuola, la domenica spiego il Vangelo alla radio, ma non so se sarà sufficiente».

Il cardinale Roncalli, ricevuta questa risposta, chiese allora a Macacek: «Senta un po', caro monsignore, questo don Loris che ho conosciuto qualche anno fa potrebbe darmi una mano ed entrare nella famiglia patriarcale?».

«Eminenza» rispose il vicario, «è un buon prete, bravo, non gode però di buona salute e avrà vita breve.»

E subito il cardinale commentò con quel suo fare che conquistava immediatamente: «Be', se non ha salute, verrà con me e morirà con me». E invece oggi sono ancora qui a parlarne.

Quando nel 1953 Roncalli arrivò a Venezia, un caro amico prete mi confidò: «Loris, xe un brav'om, se vede che 'l xe un brav'om... ma l'è vecio!» (È un brav'uomo, si vede... ma è vecchio!). Aveva settantadue anni e all'epoca da un uomo di quell'età non ci si aspettava un granché. In pochi intravidero negli occhi di quell'anziano arcivescovo la determinazione e l'impegno che invece fu sorprendentemente in grado di dispiegare.

Fu un ottimo patriarca. Aveva una fiducia totale nei suoi collaboratori e da loro non pretendeva mai più di quanto umanamente potessero dare. Seppe affrontare le tante difficoltà e le divisioni che talora emergevano nel clero, accoglieva critiche e malumori, anche a costo di una profonda sofferenza personale.

La sua esigenza di occuparsi in prima persona delle questioni più delicate, dedicando loro la dovuta riflessione, fece sì che si formasse intorno a lui l'erronea impressione che fosse un attendista, un uomo di poco polso. Il suo senso del dovere, il suo desiderio di conoscere i problemi nel dettaglio e di calibrare di conseguenza il giudizio venivano fraintesi, ma lui non dette mai troppo peso a queste valutazioni così affrettate e fuori fuoco.

Una sera, nel bel mezzo di una conversazione, gli confidai, certo maldestramente, quanto si sussurrava intorno a noi.

«Eminenza, dicono che siete debole e arrendevole, che tardate troppo a prendere quel provvedimento.»

Il provvedimento in questione riguardava la sospensione *a divinis* che avrebbe dovuto essere comminata a un giovane sacerdote. Si trattava di una misura drastica, ma in quel caso particolare era opinione comune che la pena fosse proporzionata. Il patriarca, invece, tergiversava e i suoi vicari se ne lamentavano con me. Quella sera, dunque, dopo il rosario, prima di benedire la mensa, egli mi impartì la lezione che oggi spero di aver pienamente assimilato.

Prese in mano un bicchiere e, guardandomi con sofferta indulgenza, mi chiese: «Di chi è questo bicchiere?».

«Il padrone di casa siete voi» risposi. «È vostro.»

«Bene» riprese, «se io lo getto a terra, i cocci di chi sono?»

«Sempre suoi, eminenza» ribattei, senza capire dove volesse andare a parare.

«E se sono miei anche i cocci, vuol dire che mi vedrò costretto a chinarmi e raccattarli. Questo prete è stato affidato a me, non ai miei vicari che vorrebbero che in fretta e furia gli comminassi una punizione tanto odiosa. Lo prenderò, se occorre, il provvedimento, ma non subito, non prima di aver esaurito tutti quegli accorgimenti caritatevoli che, solo se respinti, renderebbero davvero inescusabile questo figliolo davanti a Dio e davanti agli uomini.»

Le cose, poco dopo, si aggiustarono, non per modo di dire, ma come frutto di grazia e amore.

Lo stesso accadde con un anziano prete, relegato e custodito in una casa di riposo perché malato di etilismo. Era sospeso *a divinis*, non pregava più, era amaro con tutti e non voleva vedere nessuno, men che meno il patriarca. Non era un uomo cattivo, ma era malato nel profondo dell'animo.

Roncalli decise comunque di fargli visita, nonostante in molti gli consigliassero di non esporsi: le reazioni di quell'uomo erano imprevedibili. Il buon pastore invece andò a trovare la pecorella smarrita che, alla sua presenza, ritrovò la strada del cuore.

«Don Giovanni» gli disse il patriarca, «siamo vecchi tutti e due, dimentichiamoci gli altri, voltiamoci dalla parte del Signore...»

Lo convinse a riprendere la messa e il breviario. Alla fine lo abbracciò, lo invitò a pranzo e, nel congedarsi, gli fece scivolare in mano una cospicua offerta. Il vecchio corse a raccontare agli altri ricoverati il suo colloquio col vescovo, la gioia provata nel sentirsi così incoraggiato e concluse: «Questo sì xe un galantomo. Ogni tanto se ghe ne incontra uno. Ve pago un'ombra a tutti!» (Questo sì che è un galantuomo. Ogni tanto se ne incontra uno. Offro a tutti un bicchiere di vino!). Il seguito della serata lo si immagina facilmente.

Il giorno dopo, negli ambienti ecclesiastici i commenti si sprecavano: «Bella conversione. Ha festeggiato il ritorno alla messa con una solenne bevuta assieme agli amiconi. Ci vuol altro per tirarlo fuori, bisognerebbe cambiargli la testa!».

Ma Roncalli non se l'ebbe a male e commentò: «Lo sapevo che sarebbe andata a finire così. Ma è già qualcosa cominciare col togliergli il veleno, se non dal sangue, almeno dall'animo».

Il suo legame con i confratelli più umili fu una costante della sua vita, e la parentesi veneziana fu ricca di simili episodi. Mi fa piacere ricordarne uno in particolare, che dimostra come questo suo sentimento di comunità e fratellanza non venne minimamente intaccato dalla sua successiva elezione al soglio pontificio.

Era il giovedì dell'Ascensione del 1955: a Venezia si teneva la gran festa per lo sposalizio del mare. Il cardinale in cappa magna scese lungo lo scalone del patriarchio, preceduto e seguito dai canonici e dai seminaristi per la celebrazione della messa pontificale a San Marco. Nell'atrio, con un gruppo di donne cattoliche, stava in attesa un sacerdote male in arnese, il tricorno sciupato tra le mani. Il cardinale si fermò di fronte a quell'uomo gualcito. Gli fece un cenno, allargò le braccia per volgergli un saluto fraterno e poi gli sussurrò: «Don Gelmo, potevi mica conciarti un po' meglio per venire a Venezia? Ti aspetto più tardi».

Si trattava dell'arciprete di Seriate, monsignor Guglielmo «Gelmo» Carozzi, stimatissimo prelato bergamasco, uno dei primi di quel clero, il più antico e caro condiscepolo di Roncalli. Dopo la messa, don Gelmo sedette alla mensa patriarcale. Allora il vescovo gli rinnovò l'osservazione: «Potevi mica conciarti un po' meglio? Sai come sono questi signori veneziani: avranno fatto un sorrisetto di compatimento alle spalle del paesano di Curnasco!». Il simpatico e dotto prevosto ammiccò deliziosamente: «Han tempo da perdere i canonici, se si interessano al mio abbigliamento».

Passarono quattro anni e l'arciprete tornò, non più a Venezia ma in Vaticano. Quella volta si acconciò come si deve, ma la tonaca era ugualmente stinta, il paonazzo del ferraiolo tendeva al giallognolo, i bottoni erano sfilacciati. Don Gelmo si inginocchiò a baciare i piedi dell'antico condiscepolo, il «tu» della loro confidenza era ormai solo un ricordo.

«Don Gelmo, cosa fai?» gli mormorò il Papa. «Siamo pur sempre gli stessi figlioli delle nostre buone mamme.»

Carozzi allora lo fissò negli occhi e balbettò a mezza voce: «Voi siete il vicario di Cristo. Sono contento di rinnovare, sul vostro petto, la mia professione di fede cattolica, la stessa che, chierici, professavamo a Pio X nelle nostre frequenti visite al Vaticano».

Il Papa lo abbracciò dicendogli: «Ti ringrazio di essere venuto. Stavolta sei agghindato a dovere. Sono tuttora il tuo antico compagno di scuola, sai. Ricordati, poi, che dal Vaticano o da Seriate, la strada per giungere al Paradiso è la stessa. Non è cambiato nulla di sostanziale dagli anni della nostra formazione seminaristica, nulla. Ciò che conta è la dottrina contenuta nel *Pater noster*: il nome, il regno, la volontà di Dio. Il resto viene dopo e ce n'è d'avanzo e di troppo».

Tempo dopo, mi ritrovai a deporre sul tavolo del Papa una sua fotografia con un ampio margine bianco. Gli feci allora notare che tutti i santi giorni gli venivano richiesti autografi da destinare a persone in larghissima parte a lui sconosciute, mentre monsignor Carozzi non ne aveva mai ricevuto uno.

«Volentieri!» rispose. «Gli preparerò una dedica.»

Passarono parecchi giorni e la fotografia restava sempre sul tavolo. Ai miei solleciti il Santo Padre rispondeva sempre: «Lo farò, lo farò, un po' di pazienza». Finalmente una mattina mi disse: «È fatto. Speditelo». Prima di imbustare la foto, lessi rapidamente le poche parole vergate, senza nascondere una smorfia di delusione: «A don Gelmo, carissimo *in aevum*. Joannes XXIII Pp.». Il Papa colse il mio disappunto e mi domandò: «Non ti va? Sta bene invece. Basta saperlo leggere: quell'*in aevum*, per sempre, dice tutto, e lo dice sino in fondo, a chi sa capire: settant'anni di amicizia».

Nei giorni che precedono il conclave dell'ottobre 1958, tra i papabili circola anche il nome del cardinal Roncalli, nonostante l'età ormai avanzata. Pare che a sostenerne la candidatura siano figure di prestigio e pastori di diocesi importanti, tra i quali Dalla Costa, vescovo di Firenze, Fossati di Torino, Spellman di New York, Feltin di Parigi e molti altri. Oltre al patriarca di Venezia, si fanno i nomi del cardinale armeno Agagianian, e del cardinale Aloisi Masella, camerlengo del Sacro Collegio, colui che ha il compito di reggere la Chiesa durante il periodo di «Sede vacante». Lercaro, vescovo di Bologna, suscita qualche perplessità a motivo delle scelte pastorali molto avanzate. Siri, vescovo di Genova, e Ruffini di Palermo, da tutti stimati come eminenti teologi, sono temuti per il loro carattere autoritario.

Sabato 25 ottobre sono cinquantuno i cardinali a entrare nella Cappella Sistina per eleggere il nuovo Papa. Mindszenty e Stepinac non possono partecipare perché impediti dai governi comunisti dei loro Paesi. Molti porporati hanno superato da un pezzo gli ottant'anni. D'altra parte, i tempi non sembrano ancora maturi per scegliere un candidato non italiano. Inoltre ai soggetti provenienti dagli ambienti curiali si preferirebbe qualcuno con un'ampia esperienza pastorale, non teologo di professione né consumato giurista. Prevale l'immagine di un candidato mite e dialogante.

Le possibilità si restringono e la scelta cade sul patriarca di Venezia che viene eletto al terzo giorno del conclave, il 28 ottobre 1958, verso le ore 17. Poco più di un'ora dopo, alle 18.05, il cardinale Canali annuncia dalla loggia di San Pietro l'atteso «habemus papam» *e la notizia fa subito il giro del mondo. Qualche istante dopo, il nuovo Papa, che ha scelto il nome di Giovanni XXIII, dà la benedizione* «urbi et orbi», *alla città di Roma e al mondo.*

Tra le prime decisioni prese dal nuovo Papa, la scelta del suo primo collaboratore, il segretario di Stato, che cade su monsignor Tardini, uomo esperto e schietto, già stretto collaboratore di Pio XII da molti anni.

EB

3

L'elezione

Erano trascorsi pochi giorni da quando Pio XII era rientrato esanime nella sua Roma per la sepoltura nella Basilica Vaticana. Il commento fattone dall'allora cardinal Roncalli nulla ha perduto della sua incisiva e persuasiva eloquenza:

> Seguendo in audizione diretta o per trasmissione televisiva il trasporto della salma del Papa da Castel Gandolfo al Laterano, ed a San Pietro, veniva in mente di chiedermi se un trionfo di un antico imperatore romano verso il Campidoglio avrebbe potuto eguagliare – non quanto a manifestazione di potenza militare, ma ad imponenza di dignità, di maestà spirituale ed a penetrazione di sentimento – le proporzioni di uno spettacolo che intenerì tanti cuori. Ancora una volta tornò al mio spirito l'espressione del nostro grande scrittore lombardo: «Tanto è forte la carità: tra le successioni così varie e così solenni di universali inquietudini fa primeggiare il

> rispetto ad un uomo, perché questo uomo ha ispirato sentimenti ed azioni più memorabili ancora». L'elogio si compie nella specificazione di due grandi successi che caratterizzano il pontificato di Pio XII: con la continuità del suo insegnamento, alto e divino, aprire l'orecchio ai sordi e a restituire ai muti la favella: che è quanto dire far parlare i silenziosi.

Nella imminenza del conclave, comprensibilmente soggiogata dalla notevole personalità del defunto Pontefice, l'opinione pubblica stentava a individuare un successore tra i cinquantadue elettori, ridottisi a cinquantuno, proprio all'ultimo momento, per la morte dell'americano Edward Mooney, arcivescovo di Detroit.

Occupavano i primi posti nei pronostici i cardinali Lercaro, Ruffini, Ottaviani; un po' più indietro Aloisi Masella, Roncalli, Valeri. La giovane età, cinquantadue anni, ostacolava il cardinal Siri, largamente apprezzato.

L'unico nome non italiano che riscuotesse un aperto favore era quello del dotto e amabile cardinale armeno Agagianian.

Il cardinal Roncalli non potevasi definire uno sconosciuto, ma nemmeno uno che avesse fatto parlare di sé su vasto raggio. Godeva indubbiamente della stima di molti cardinali e della curia romana, ma non era ritenuto uomo di primo piano. Gli stessi bergamaschi lo amavano e lo apprezzavano ma non vedevano in lui il *routinier* capace di stare al chiodo, di scendere nella profondità dei drammi odierni, di aprire nuove prospettive all'evangelizzazione. Si sbagliarono tutti, o quasi tutti, dimentichi che egli aveva le doti che sole consentono di travolgere ogni ostacolo e di innovare la realtà condizionata dal peccato: la illimitata fiducia in Dio, la straordinaria disponibilità a lasciarsi condurre dallo Spirito. Come allora, forse qualcuno stenta tutt'oggi ad ammettere che in lui emergeva semplicità e non semplicismo, misericordia e non bonomia, disponibilità interiore e non credulità, candore e non ingenuità, spontaneità e non impulsività, abbandono alla Provvidenza e non al fatalismo, coraggio intrepido e non temerarietà, speranza incrollabile e non illusione.

E che dire di chi si preoccupava di collocarlo sbrigativamente nella nicchia dei «Papi di transizione»? Nulla che non sia stato detto poi, e smentito dai fatti! Egli stesso ne sorrise («tanto e tanto, nella terra siamo tutti di passaggio» commentava). Qualche anno prima, nunzio in Francia, aveva confidato al suo *Giornale dell'Anima*:

> Più mi faccio maturo di anni e di esperienze, e più riconosco che la via più sicura per la mia santificazione personale e per il miglior successo del mio servizio della Santa Sede resta lo sforzo vigilante di ridurre tutto: princìpi, indirizzi, posizioni, affari al massimo di semplicità di calma; con attenzione a potare sempre la

> mia vigna di ciò che è solo fogliame inutile e viluppo di viticci, ed andare dritto a ciò che è verità, giustizia, carità, soprattutto carità. Ogni altro sistema di fare, non è che posa e ricerca di affermazione personale, che presto si tradisce e diventa ingombrante e ridicolo. Oh, la semplicità del Vangelo, della *Imitazione di Cristo*, dei *Fioretti* di san Francesco, delle pagine più squisite di san Gregorio Magno nei *Morali: Deridetur simplicitas iusti*, con quel che segue!... Tutti i sapienti del secolo, tutti i furbi della terra, anche quelli della diplomazia vaticana, che meschina figura fanno, posti nella luce di semplicità e di grazia, che emana da questo grande e fondamentale insegnamento di Gesù e dei suoi santi!

Sta di fatto che, al terzo giorno di conclave, dopo undici scrutini, i cardinali designarono proprio lui, l'arcivescovo Roncalli, un settantasettenne. Da ricordare, per inciso, che ventiquattro porporati gli erano più anziani.

A distanza di tanti anni, dopo tutto ciò che è accaduto nella Chiesa e nel mondo, dopo il ribaltamento di pronostici e di giudizi provocato dai fatti, possiamo ammettere francamente che, da quel conclave, non ci si attendeva la proclamazione del suo nome. Eppure la grandezza di quell'uomo è stata riconosciuta senza timidezze dai suoi successori, i quali puntualmente colsero tutte le occasioni per ricordarne il valore e amplificarne il messaggio.

Nell'ottobre del 1978, per esempio, a pochi giorni dalla sua investitura, Giovanni Paolo II si recò nelle Grotte Vaticane, per rendere omaggio alle salme dei suoi predecessori. Lo ricordo in preghiera sugli inginocchiatoi predisposti davanti alle tombe di Giovanni Paolo I, di Paolo VI, di Pio XII, di Pio XI. Arrivato dinanzi alla tomba di Giovanni XXIII, scansato l'inginocchiatoio, egli si genufletté sul nudo pavimento, la testa e le mani poggiate sull'avello. Quel singolare gesto di venerazione e di gratitudine mi è rimasto impresso. È come se l'avesse fatto apposta per ricordarci l'errore che tanti di noi, vent'anni prima, avevano commesso nel non accogliere con fede intrepida quell'*inatteso maestro*.

Oggi torno con la mente ai giorni che precedettero il conclave del 1958 e a come li viveva l'allora arcivescovo Roncalli. In una lettera al vescovo di Bergamo Piazzi, scriveva:

> [L']anima si conforta nella fiducia della nuova pentecoste che potrà dare alla Chiesa nel rinnovamento del capo, e nella ricostituzione dell'organismo ecclesiastico, nuovo vigore verso la vittoria della verità, del bene e della pace. Poco importa che il nuovo Papa sia bergamasco o non bergamasco. Le comuni preghiere debbono ottenere che sia un uomo di governo saggio e mite, che sia un santo e un santificatore.

La supplicazione è stata efficace. Giovanni XXIII, chinatosi con religioso rispetto nel solco di Pio XII, si diede al servizio dell'umanità con giovanile inventiva, dimostrando che il Papa non è un simbolo, bensì una realtà, un uomo di carne; un Papa anziano può ringiovanire la Chiesa, come riconobbe Paolo VI; un Papa venuto dalla campagna può far ritrovare agli uomini la smarrita strada della salvezza.

Non è forse tutto risonante di Vangelo il diario giovanneo del 28 e 29 ottobre 1958? Ecco, ne riguastiamo la delicata fragranza, come ci venisse offerto un pane fatto in casa, un bicchier di vino delle nostre vecchie cantine:

> Conclave al terzo giorno. Festa dei santi apostoli Simone e Giuda. Santa messa in Cappella Matilde, con molta devozione da parte mia. Invocati con speciale tenerezza i miei santi protettori: san Giuseppe, san Marco, san Lorenzo Giustiniani, san Pio X perché mi infondano calma e coraggio. Non credetti bene di scendere a desinare coi cardinali. Mangiai in camera. Seguì breve riposo e un grande abbandono. All'undicesimo scrutinio, eccomi eletto Papa. O Gesù, anch'io dirò con Pio XII, quando riuscì eletto: *Miserere mei, Deus, secundum magnam misericordiam tuam.* Si direbbe un sogno, ed è, invece, prima di morire, la realtà più solenne di tutta la mia vita. Eccomi pronto o Signore, *ad convivendum et ad commoriendum* (a vivere e a morire insieme con te) (2 *Cor* 7,3).

> Dal balcone di San Pietro circa trecentomila persone mi applaudivano. I riflettori mi impedirono di vedere altro che una massa amorfa in agitazione.
> [...] Da ieri sera mi son fatto chiamare Ioannes. Passai la notte nell'appartamento del segretario di Stato, dormicchiando piuttosto che dormendo. Santa messa solo nella cappella vicina, *in faciem portae.* Don Loris e fra' Belotti di Trescore ad assistermi. Il mondo intero oggi non scrive e non parla che di me: nome e persona. O miei cari genitori, o mamma, o padre mio, o nonno Angelo, o zio Zaverio, dove siete? Chi vi trasse a tanto onore? Continuate a pregare per me.

In quel gran giorno, egli non si appropria dell'onore decretatogli, ma lo trasferisce, come prezioso mantello, sulle spalle dei suoi congiunti; anzi li nomina espressamente, uno per uno, non per ostentare prestigiose ascendenze, bensì per deporre la tiara, che pur gli cinge la fronte, sui campi innaffiati dalle lagrime e dal sudore dei suoi vecchi. Nell'ora della cosiddetta *esaltazione*, egli si identifica con gli umili e i poveri del villaggio, e chiede ai suoi morti preghiera corroborante e incoraggiamento.

Questa è fede: fede come roccia; questo è amore come fuoco; giusto, la fede e l'amore di Pietro e di tutti coloro che non si arrogano prerogative, non accampano privilegi, non attendono suffragio di consenso dalle podestà terrestri, ma soli o talora incompresi o avversati, docili all'impulso dello Spirito, avanzano come profeti sulle rive di Dio, aprendo ulteriori prospettive di servizio alla Chiesa universale.

La giornata di martedì 28 ottobre 1958 rivive nel mio animo in ogni suo particolare benché minimo, direi quasi in ogni suo attimo. Alle 6 assistetti il cardinal Roncalli alla sua messa nella Cappella Matilde; alle 23 mi congedavo dalla stessa persona salutandola diversamente dal mattino: «Buonanotte, Santo Padre». Nel giro di diciassette ore, quale trasformazione nell'Angelo Giuseppe di Sotto il Monte, approdato misteriosamente sulle rive del Tevere, al termine di un lungo itinerario sacerdotale! La mattina in cappella c'erano tre persone: il cardinal Roncalli, il cardinal Wyszynski e il sottoscritto; la sera migliaia di fedeli affollavano piazza San Pietro; durante la notte le luci non si spensero a Roma, mentre sull'onda di tutte le reti di comunicazione, il nome e l'avventura dell'eletto invadevano le redazioni dei giornali. Quel mattino, servita la messa a entrambi, celebrai io pure. All'offertorio il cardinal Roncalli venne a porgermi le ampolline; alla consacrazione fece squillare il campanello.

Risonavano nel mio intimo le arcane parole introitali della liturgica memoria dei santi Simone e Giuda Taddeo: «Quanto profondi per me i tuoi pensieri, quanto grande il loro numero, o Dio! Signore, tu mi scruti e mi conosci, tu sai quando seggo e quando mi alzo: tu conosci l'ora della mia morte e della mia resurrezione» (*Sal* 139,17 e 1-2); e le altre, dal Vangelo di Giovanni: «Com'è accaduto che devi manifestarti a noi, e non al mondo?» (14,22).

Alla terza giornata di votazioni, lo stato di febbrile attesa era come attenuato dall'incombente silenzio e dall'incantevole sole romano. I cardinali confabulavano sommessamente tra loro, muovendosi con passo felpato; l'uno o l'altro, solo o in compagnia, entrava nella cella di un confratello. Alle 9, squillava la campana, come nei due giorni precedenti, il sacrista van Lierde diede inizio alla messa, intonando alla fine il *Veni, Creator.* La nona e la decima votazione, svoltesi in quaranta minuti, non radunarono su un candidato i due terzi dei voti necessari per la elezione. Così, tra il disappunto della folla, il comignolo della Sistina emise alle 11.10 la quinta fumata nera.

Qualcosa, però, vibrava nell'aria, come il leggero stormire di foglie che annuncia un alito di vento refrigerante. In realtà nel Palazzo Apostolico faceva caldo. Nonostante il trattamento accurato e decoroso, cardinali e conclavisti non nascondevano un senso di stanchezza. Da certe occhiate, poi, e dalle allusioni di qualche bravo collega, si finì per convincersi che quello sarebbe stato il giorno del *gaudium magnum.*

Dalla Sistina, il patriarca risalì lesto alla sua cella. Sedutosi sul divano, chiese di restare solo. Non sembrava accasciato, no, ma gli si leggeva sul volto qualcosa di insolito di cui troviamo traccia in un racconto del cardinale Fossati, riportato da Leone Algisi nella sua biografia *Giovanni XXIII*:

> Tutti sanno che le celle vengono sorteggiate: al cardinal Roncalli toccò la numero 15, a me la 16, nell'appartamento della Guardia Nobile. Eravamo quindi vicini, e non credo di venir meno all'obbligo di un segreto, da cui comunque sarei certo di venire assolto dalla grande ed indulgente bontà del Santo Padre, se dico, che a un certo momento, l'amico ha sentito il bisogno di entrare nella cella dell'amico *confortans eum*.

Alle 13, mentre mi disponevo ad accompagnarlo alla Borgia, mi disse: «Non scendo; prenderò qui un boccone, se mi fate portare qualcosa. Mangiamo assieme». Guido Gusso, l'aiutante di camera, già fattosi amico dei cucinieri, scese in fretta, e tornò alle 13.20 con la vivandiera. Recitata la prece, seduti uno di fronte all'altro si mangiò, per modo di dire, su un traballante tavolinetto: prese un brodo, una fettina di carne, un bicchier di vino, una mela; a me il cibo non andava giù. Come avrebbe potuto, se un nodo mi serrava la gola? Avremo scambiato, sì e no, dieci parole.

Conchiusa in un quarto d'ora la refezione, si accomodò su una poltroncina a riposare. Accanto a lui, io leggicchiavo e fantasticavo. Riaprì gli occhi venti minuti dopo. Seduto al tavolo, scrisse alcune note su tre fogli, che mise in tasca. Alle 16 i rintocchi della campanella martellarono nei cuori in sussulto: «Eminenza, è ora».

Scendemmo a piedi dall'oscuro scalone che, nella sua nudità, racchiude segreti di secoli. Mi accomiatai dal patriarca sulla soglia della Sistina, baciandogli la mano con maggior trasporto del solito, sembrandomi di farlo, a quel modo e in quella circostanza, per l'ultima volta. Mi pervadeva l'irrefrenabile presentimento del dopo, tanto naturale quando si abbiano occhi per vedere e fantasia per immaginare. Passati cinquanta minuti, che io trascorsi alla Matilde, i conclavisti, prima ancora che venissero aperte le porte della Sistina, capirono che il Papa era fatto, indovinando il nome del prescelto.

Il cardinal Roncalli accettò la designazione un po' prima delle 17 di quel martedì 28 ottobre, al terzo giorno di conclave: la fumata bianca si ebbe alle 17.08. Mentre i conclavisti si avviavano alla tribuna che dal cortile San Damaso dà sulla piazza, io rimasi in attesa come impietrito. Trascorsi alcuni minuti, un cerimoniere venne a cercarmi. È impossibile raccontare ciò che provai dentro di me. Attraversai di corsa la Sistina, senza guardare nessuno, gettando soltanto una rapida occhiata al tronetto vuoto del cardinal Roncalli. Un attimo dopo entrai con Guido Gusso – l'aiutante di camera – nella sagrestia della cappella. Il novello Papa stava seduto su una poltrona rossa, vestito di bianco, con rocchetto e mozzetta. Un po' pallido, ma eretto nella persona, sereno e affabile, conversava placidamente coi monsignori Dante, Calderari e Capoferri. Mi accolse come se niente fosse accaduto e mi presentò agli astanti. Gli sussurrai: «Una prima benedizione a Venezia, a Bergamo e alla Colombera, Santo Padre». «Sì, volentieri; ai miei congiunti secondo lo Spirito e secondo il sangue; ne riparliamo dopo» mi rispose e mi chiese un bicchier d'acqua. È un piccolo dettaglio che avrei rimosso se non fosse stato per quello che accadde un istante dopo.

L'acqua del rubinetto c'era, ma il bicchiere no. Fu giocoforza servirsi di un calice. Prima di porgerglielo, vi versai alcune gocce di coramina, un blando stimolante cardiaco e respiratorio che all'epoca era diffuso in tutte le case. Egli guardava di sottecchi, tra lo stupito e il divertito. «Bisogna lasciarlo fare» disse rivolto a monsignor Dante. «Lui si preoccupa della mia salute; dovrebbe invece badare alla sua. Staremo a vedere se gli riuscirà di toccare la cima dei miei anni.»

Poco dopo, alle 18.05, venne proclamato dal cardinal Canali il *gaudium magnum* e alle 18.20 risuonò nella piazza la benedizione di Giovanni XXIII, il cui nome «dolce, soave e solenne» (secondo la definizione che egli stesso ne aveva data ai cardinali) diffuse un'ondata di indescrivibile entusiasmo.

Fra le tante memorie di quelle ore concitate, ciò che mi è rimasto nel profondo è di certo quel suo commento sul primo incontro con la folla, perché, nello stile di fioretto francescano, esprime compiutamente l'indole, l'educazione, l'equilibrio interiore dell'uomo: «Al momento di affacciarmi al balcone della basilica, ricordavo il monito di Gesù: "Impara da me che sono mite e umile di cuore". I fari della televisione mi abbagliarono così che non potei vedere nulla, se non una massa amorfa fluttuante. Benedissi Roma e il mondo, come accecato. Rientrando di là, pensavo a tutti i proiettori che ormai, a ogni istante, si sarebbero puntati su di me. E mi dicevo: "Se non rimani alla scuola del Maestro, dolce e umile, non capirai niente delle realtà temporali: tu sarai cieco!"».

Dopo quel primo saluto alla folla, si ritirò per fermarsi nell'Aula dei Paramenti, dove attendevano gli addetti alla segreteria di Stato e altri della Casa pontificia, i quali, sfidando le ire del cardinale decano, avevano fatto saltare i sigilli del conclave. Durante una buona mezz'ora, in un clima di indescrivibile familiarità, si avvicendarono nell'ossequio antiche e recenti conoscenze. Il cardinale Tisserant, un po' accigliato e burbero a suo modo, ma in fondo partecipe ed emozionato, ripeteva: «Non lo ammazzate appena fatto Papa». Alla fine della improvvisata e animata udienza, Giovanni XXIII chiese ai cerimonieri: «E adesso dove andiamo?». Lì per lì si decise che non rientrasse nella cella numero 15 e venne condotto nell'appartamento quasi vuoto del segretario di Stato, mentre il camerlengo, che ne occupava una parte, si trasferì altrove.

Sulla soglia i cerimonieri si congedarono. Il Papa restò solo con me.

Frattanto Guido Gusso salì in camera a ritirare gli effetti personali e si recò, per lo stesso motivo, alla Domus Mariae. Alquanto impacciato, quasi soggiogato dalla solennità dell'ora e dalla maestà del luogo, chiesi timidamente: «Desiderate vedere qualcuno? C'è qualcosa da fare che vi preme?». «No» rispose. «Anzitutto lasciami dire in pace vespero e compieta.»

Dalla piazza continuava a salire il concitato clamore di festa, ma egli nemmeno immaginò di gettar fuori uno sguardo fra le finestre socchiuse. Staccato il telefono, nessun apparecchio radio a portata di mano, nessuna persona alla quale rivolgersi, egli era come tagliato fuori dal mondo, proprio mentre dappertutto non si parlava che di lui. Alle 19.30 accolse il sostituto Dell'Acqua, che era accompagnato dal latinista Del Ton. Su una stesura abbozzata dagli uffici, il Papa concordò le linee essenziali del radiomessaggio che avrebbe pronunciato l'indomani. Approfittai di quell'ora di lavoro per recarmi alla segreteria di Stato a inoltrare tre messaggi poco prima dettatimi dal Santo Padre, indirizzati ai veneziani, ai bergamaschi, ai Roncalli di Sotto il Monte. Feci anche rapide telefonate a Venezia e a Bergamo, e sostai qualche minuto coi conclavisti nell'ampio salone da pranzo a essi riservato.

Sedette a cena alle 21, tutto solo, in una saletta poco illuminata e disadorna. Invitato ad assidermi accanto a lui, preferii restarmene spettatore, adducendo il pretesto d'aver già preso un boccone con i colleghi nella sala comune. Sulla fine, comparve l'anziano commendator Pio Manzia, dal passo incerto, con lo spumante in mano. «Padre Santo» gli disse Manzia, «è tradizione che il maestro di casa ottenga il permesso di sturare una bottiglia, offrirne a Sua Santità e ricevere in dono il restante.» Il Papa sorrise, accettò un sorso e accondiscese volentieri al desiderio del bravo Manzia, che si ritirò tutto fiero col suo prezioso cimelio.

Levatosi da tavola, prese a camminare su e giù lungo il corridoio, recitando il suo rosario serale. Si interruppe solo un attimo per dirmi: «Prima di coricarmi vorrei vedere monsignor Tardini».

«Alla Sala dei Paramenti c'era anche lui con tutti gli altri» gli risposi.

«Lo so, ma non basta quel fuggevole complimento. Qua dentro egli è il personaggio più importante. Fammelo venire.»

Monsignor Tardini, superato lo *sbarramento* della clausura, arrivò alle 22 e rimase a colloquio una quarantina di minuti.

Il Papa lo accolse e lo fece sedere.

«Ha visto cosa è capitato? Sono arrivato qua» esordì il Santo Padre. «Lei lo sa che ho sempre detto di sì nella vita. Ho detto di sì e ho accettato. Adesso mi trovo a occupare questo posto, mentre la Chiesa continua a vivere, a trasformarsi, presa com'è dai tanti avvenimenti che la scuotono. Per questo ho bisogno di un segretario di Stato.»

«Santità» lo tranquillizzò Tardini, «è stata una giornata molto intensa. Adesso pensi a riposare. Domattina, se sarà ancora di questa idea, potrà convocare dei candidati e decidere con tutta calma a chi assegnare questo compito.»

«Non ce n'è bisogno» lo incalzò Giovanni XXIII, «perché io ho già deciso.»

«Be', se ha già le idee chiare mi dica pure. A chi ha pensato?»

Il Papa lo guardò in silenzio e, dopo un po', gli disse sorridendo: «A lei».

Al che Tardini, visibilmente sorpreso, esclamò: «Santità, ma io sono troppo vecchio!».

«Mi dispiace» ribatté bonariamente il Papa, «ma con me questo discorso non vale. Ho quasi sette anni più di lei!»

«Ma vede, io sono qui nella segreteria di Stato da sempre... ne ho abbastanza di questa gente...» disse Tardini, confessando tutta la propria stanchezza.

«E cosa vorrebbe fare allora?» gli chiese incuriosito.

«Vorrei ritirarmi a Villa Nazareth, a occuparmi della mia istituzione culturale...»

«Caro monsignore, lo sa meglio di me che non è pensabile un Tardini a riposo: non lo accetterebbe nessuno.»

«Santità, io credo di poter servire meglio la Chiesa dal mio ritiro...»

«Monsignore, io non mi sopravvaluto» lo interruppe il Papa. «So bene che siete l'ecclesiastico più eminente di Roma. Un pontefice non può rinunciare a una figura di spicco come la sua. Quando sono stato mandato in Bulgaria avevo quarantaquattro anni. Non avevo la minima idea di cosa mi aspettasse in quella terra, ero solo, non conoscevo la lingua, eppure voi mi chiedeste di andarci e di imparare ad adattarmi. Io allora obbedii, adesso chiedo a voi di fare lo stesso.»

«Se mi chiedete di accettare per obbedienza, io accetto.»

Il Papa allora gli dette la sua benedizione e gli disse: «Facciamo così. Io sarò leale con lei e lei sia leale con me».

«Va bene, Santità.»

«E non si aspetti un papato tranquillo. Ho già detto a Tisserant che non voglio essere un prigioniero di lusso, voglio fare il pastore.»

«Sarà fatto, Santità.»

«E non voglio che la mia Venezia rimanga vedova per troppo tempo: occorre trovare un mio sostituto per l'arcidiocesi.»

«Santità, nei prossimi giorni penseremo anche a queste urgenze.»

«No, no» lo incalzò il Papa. «Ho già pensato anche a quello. Ritengo giusto dare Venezia a un veneziano, il vescovo di Verona Giovanni Urbani. Qualora non lo riteneste un candidato opportuno, vi propongo l'arcivescovo di Padova, Girolamo Bartolomeo Bortignon, che già il mio predecessore, Pio XII, aveva pensato di fare vicario generale di Roma, per mettere un po' d'ordine nella disciplina ecclesiastica. E qualora non vi andasse bene neanche lui, vi propongo il vescovo di Vittorio Veneto, Giuseppe Carraro.»

«Santità, non mi occorre pensare tanto» rispose Tardini. «Dare Venezia a Urbani sarebbe un doveroso gesto di riparazione.» Urbani infatti era stato allontanato da Roma, per volere degli stessi ecclesiastici che avevano allontanato Montini, ovvero il cardinale che sarebbe successo a Giovanni XXIII col nome di Paolo VI. Assegnargli il patriarcato di Venezia voleva dire rendergli conto dei servizi resi alla Chiesa come assistente generale dell'Azione Cattolica in un periodo estremamente difficoltoso.

Nel riaccompagnare Tardini alla porta e sino allo scalone, il Papa appariva visibilmente soddisfatto. Lo era talmente che sentì il bisogno di riassumermi il contenuto del colloquio, specialmente nei suoi risvolti umani e sacerdotali. «Da stasera» concluse, «egli è nuovamente prosegretario di Stato.»

Mi inginocchiai e chiesi la benedizione, com'ero solito fare a Venezia.

«Buonanotte, Santo Padre.»

Mi posò la mano sul capo e mi benedisse.

Lo rividi la mattina dopo, alle 6. Stava pregando e indossava la talare violacea cardinalizia. Unico segno bianco, le calze e lo zucchetto.

«Ha riposato, Santo Padre?»

«Dormicchiato, più che dormito. Ho ripetuto più volte e con maggior fervore del solito le mie usuali devozioni, mi sono bene inteso col mio angelo custode e son già a *Vespero*.»

Celebrò la messa nel sacello dell'appartamento, assistito da me e dall'agostiniano fra' Federico Belotti, un bergamasco addetto alla sagrestia pontificia. Alle 8 sopraggiunse il sarto, Annibale Gammarelli. Qualche cronista curioso in seguito mise in giro la voce che l'abito andava stretto a Giovanni XXIII: un dettaglio che ben si prestava a tante fumose dietrologie. Stando a quel pettegolezzo, la sartoria avrebbe portato una taglia numero uno perché per l'elezione al soglio pontificio si davano per più plausibili i nomi dei cardinali Lercaro, Agagianian e Valeri. Per il cardinal Roncalli invece, come per l'altro papabile cardinal Aloisi Masella, era più adatta una taglia numero due.

In realtà le cose, come spesso accade, andarono assai più semplicemente e Gammarelli, su indicazione di monsignor Dante che la sera prima aveva scartato gli abiti più stretti, portò con sé una taglia numero due.

Queste indiscrezioni non mi stupirono allora né mi sorprendono adesso. È umano che dinanzi a eventi così grandi chi è curioso di natura faccia volare lontano la fantasia. Del resto quella dell'abito non fu l'unica né la più nota delle indiscrezioni.

Molto più scalpore destò la ricostruzione che il sociologo americano padre Andrew Greeley fece degli scrutini tenuti nel segreto del conclave. A quanto scrisse, il candidato favorito sarebbe stato fino all'ultimo il cardinale armeno Agagianian.

Questa versione dei fatti presentava almeno un paio di evidenti incongruenze. Gli scrutini furono undici, ma Greeley ne contò solo sei, confondendoli con il numero delle fumate. Inoltre il cardinal Valeri, che proprio il cardinal Roncalli aveva votato fin dal primo scrutinio, non appare nella tabella dei papabili ricostruita da Greeley.

Detto questo, simili fughe di notizie, per quanto infondate, non devono sorprendere. Nonostante il rigore del segreto, qualcosa filtra sempre dai recessi più sacri. Molti tasselli, ancorché non tutti autentici, finiscono con l'accreditare una ricomposizione dell'assieme ritenuto esatto. Certo offrì qualche pista lo stesso Giovanni XXIII, con discreti e ripetuti cenni alla sua elezione. Per esempio, durante l'udienza concessa al Collegio armeno, il primo febbraio 1959. Salutando nel cardinale Agagianian «il fiore più profumato e olezzante di quella nazione», confidò agli alunni: «Sapete che il vostro cardinale e io eravamo come appaiati nel conclave dello scorso ottobre? I nostri nomi si avvicendavano or su or giù, come i ceci nell'acqua bollente».

L'indomani della sua investitura, il Papa si fece notare per alcune piccole riforme al protocollo vaticano. Il suo conflittuale rapporto con i formalismi è ben noto, ma spesso si esagera nel dipingerlo come un Pontefice irrituale e anticonformista. Per esempio, si è spesso scritto che le bardature lo infastidivano. In realtà lo divertivano, tutt'al più – qualche volta – lo stupivano. Già il 29 ottobre abolì il bacio al piede e l'incensazione del Papa fatta in ginocchio. Nelle udienze dispensò dalla triplice genuflessione e da altro ancora. Non si deve credere però che egli si soffermasse eccessivamente su questi aspetti secondari, pur bisognosi di riforma. Non aveva fretta di liberarsi da bardature, alle quali dopotutto riconosceva un'antica legittimità. Badava piuttosto a ciò che maggiormente importa: convincere tutti a riascoltare la parola di Cristo e a viverla alla lettera, essendo ben sicuro che le bardature non esprimono la piena realtà ecclesiale. Visse la sua avventura vaticana con il realismo dei figli della campagna, i quali attendono con fiducia la stagione del raccolto. Sapeva che qualcosa deperisce o cambia senza che noi ce ne preoccupiamo eccessivamente.

Dava il giusto peso a questi aspetti terreni del suo magistero, quasi dimenticando il timore reverenziale che suscitava nei tanti che gli si avvicinavano. Ricordo per esempio il primo incontro che ebbe la mattina del 29 ottobre.

Si trattava di un volontario della segreteria patriarcale di Venezia, uno studente universitario giunto a Roma di buon mattino. Scesi a rilevarlo al Portone di Bronzo, dov'era stato bloccato per mancanza di «credenziali». Portava carteggi vari e la posta dei giorni precedenti. Il giovane, non immaginando di incontrare il Papa di botto, appena lo vide venirgli incontro con le braccia aperte, cadde in ginocchio e scoppiò in pianto.

«Franco, son sempre io» disse dolcemente il Papa. «Vedi? Ho solo mutato abito e nome.»

È facile sorridere di quel momento di debolezza, dell'umana reazione di un ragazzo davanti a un uomo che aveva conosciuto vescovo e che adesso ritrovava Papa. Ma io stesso, la sera prima, ero riuscito a malapena a spiccicar parola in sua presenza.

Cosa riuscii a balbettare, mentre baciavo le sue mani e i suoi piedi? E lui cosa mi rispose? Riporterò quanto egli stesso confidava a proposito del suo incontro di neosacerdote con Pio X nel 1904: «Il Papa si chinò su di me che gli dissi parole che ricordo benissimo, ma che son destinate a restare tra le più care intimità delle mie promesse sacerdotali». Frattanto mi interrogavo su cosa avrebbero detto, su come avrebbero commentato la nomina i sapienti della terra e i vaticanisti, i vescovi e i preti. Immaginavo la reazione dei più: «Roncalli Papa, a settantasette anni! Che potrà compiere? Celebrerà un concistoro per la creazione di nuovi cardinali, qualche beatificazione, impartirà benedizioni, e si preparerà a ben morire, dopo un rapido pontificato di transizione».

Sì, era vecchio, sia pure un vecchio dal cuore grande, per una chiesa in stato di missione, con problemi gravi e interrogativi drammatici. Era però di quella razza degli uomini imprevedibili, capaci di operare concretamente per la salvezza di Israele, essendosi abituato, sin da ragazzo, a leggere il presente e il futuro con gli occhi misericordiosi di Cristo. Mentre molti di noi brancolavano nel buio, egli camminava verso la terra promessa col passo cadenzato dei contadini, che né intemperie né stanchezze riuscirebbero ad arrestare.

No, nemmeno i suoi diocesani di Venezia e i suoi conterranei bergamaschi, in sintonia con la gran parte delle persone, che pur gli volevano bene, compresero il disegno di Dio su di lui, quasi un gioco della Provvidenza. Proprio perché piccolo e povero, perché quasi sconosciuto e aureolato di candore, perché umanamente debole e assolutamente disarmato, egli, come Samuele e Davide, era il prescelto, chiamato e misteriosamente preparato a compiere imprese memorabili.

In una dichiarazione, l'allora presidente della Repubblica francese Vincent Auriol, dopo aver detto che si era augurato e aveva sperato questa elezione, la commentò e la giustificò con finezza e precisione: «Potei apprezzare la virtù del nuovo Pontefice, la bontà, che si irradiava dal suo volto e dalle sue parole; la sua intelligenza e la sua perspicacia, trasparenti dal suo sguardo luminoso e dolce, il suo senso dell'umano, così necessario nella direzione delle anime». Un laico dall'animo libero, un socialista di antico stampo, aveva dunque intuito l'interiore ricchezza di quell'antico rappresentante della Santa Sede in Francia, rimanendone affascinato.

Sovente ho narrato gli avvenimenti di quel giorno, scoprendovi ogni volta nuove illuminazioni: nei primi saluti scambiati nell'Aula dei Paramenti con gli addetti alla segreteria di Stato; al tavolo con monsignor Dell'Acqua e il latinista Del Ton a preparare il radiomessaggio dell'indomani; a cena tutto solo, mentre accetta un sorso di champagne dal bravo Pio Manzia; nel colloquio con Tardini, tutto soffuso di ascetico impegno; nella fase finale di quelle ore, con sulle labbra le preghiere della sua infanzia, apprese nella cornice biblica della povera casa di lavoratori di campi.

Pochi giorni dopo, rileggendo il *De Senectute* di Cicerone, egli si trascriveva alcune frasi che aiutano a penetrare nel suo animo di saggio anziano toccato dalla grazia, fiducioso nell'apporto delle moderne generazioni, disponibile a tutto, aperto alla vita e impavido dinanzi alla morte:

> Cosa c'è di più gradevole che la vecchiezza con intorno una calca di giovani ardenti a imparare? Bellissimo sarà il giorno in cui partirò verso quel divino ritrovo e concilio delle anime, e mi staccherò da questa turba e

confusione. Lieve è la vecchiezza, ed è perfino lieta. La vecchiezza è come l'ultima parte di un dramma: alla fine ce n'andiamo, specialmente chi n'ha avuto abbastanza.

Giovanni XXIII si era presentato alla folla di piazza San Pietro alle 18.20 del 28 ottobre. Gli era bastato allargare le braccia nel suo gesto abituale privo di ieraticità, sorridere lievemente, cantare la benedizione con la sua bella voce. Il popolo romano lo aveva già fatto proprio nei commenti delle prime ore: «Sarà quel che sarà, ma la faccia da *bbono* ce l'ha!».

Certamente per fare il Papa non basta la bontà, sia pure congiunta con una qualche esperienza diplomatica e pastorale, con un discreto bagaglio di letture, con una cerchia di cordiali e specchiate conoscenze. In quel primo incontro con la folla, a osservare attentamente il nuovo Pontefice, si sarebbero subito scoperti in lui due occhi di fanciullo che lo raccomandavano alla attenzione dei suoi figli e dei curiosi. Ma occorreva scoprire dell'altro per intuire l'indole e la statura di cristiano e di apostolo.

Cominciò a parlare. Aveva davvero l'aria di uno che si riallacciasse a un suo discorso interrotto da qualche tempo, e le sue parole risuonarono improvvisamente così familiari da sembrare proprio che non contenessero niente di nuovo. La sua disadorna eloquenza richiamava gli uomini disorientati al perduto afflato, non solo teologico ma anche psicologico, della autentica maternità della Chiesa e della paternità del Pontefice sommo.

Fu subito evidente che egli evitava di sistemarsi in trono, di interpretare il proprio ruolo in termini statici e immobilistici. Riprese, invece, a camminare uomo tra gli uomini, per le strade del mondo. Mentre i sapienti e gli esperti di questioni vaticane attendevano la sua prima lettera enciclica, per poter giudicare, con i propri parametri di valutazione, il programma del suo pontificato, egli, a imitazione di Cristo, cominciò prima a fare e poi a insegnare (cfr. *Atti* 1,1): si mise a esercitare per suo conto, con piena aderenza al Vangelo, le opere della misericordia.

Erano anni di radicali e profondi stravolgimenti sociali, culturali, economici e addirittura tecnologici: in quei giorni un piccolo satellite artificiale volava per la prima volta nel cosmo, ma gran parte dei cristiani rimanevano fermi, incapaci di interpretare e fecondare la dinamica dei tempi nuovi. Ed egli, il vecchio, senza traumi e forzature, seppe invece prendere la velocità della nostra epoca e rimettere più accentuatamente in circolazione il linguaggio di Cristo. Così non solo i cattolici, ma altresì tutti i cristiani, e gli increduli stessi, cominciarono a chiedersi: «Cosa dice di straordinario quest'uomo?», ritrovandosi quasi inavvertitamente con gli occhi umidi e pieni di una commozione che balzava in petto.

Eppure egli ripeteva semplicemente che bisogna mettere da parte ciò che offende e divide, che bisogna praticare la legge divina, amare tutti senza porre condizioni, perdonare le offese senza riserve, riparare le ingiustizie commesse, al di là di ogni alibi giustificazionista, ipocrita e accomodante. Poi convocò l'episcopato a concilio e invitò l'intera umanità a sperare: ammonendo tutti, senza escludere nessuno, che occorre convertirsi interiormente, riprendere con buona disposizione il colloquio fraterno, e spezzare le barriere artificiose dell'egoismo e dell'incomprensione consolidatesi nei secoli. Convinse i credenti a volere e ad amare una Chiesa umile e disadorna, come quella del villaggio, senza tuttavia lasciarsi prendere solamente dalla fretta di far deperire le bardature e le sedimentazioni storiche, che pure, senza alcun dubbio, rendono assai meno trasparente la visione beatifica del tabernacolo del Dio vivente.

L'inatteso maestro, per la cui elezione molti cristiani non avevano certo pregato, prefigurando nei loro pronostici una figura di Papa designato secondo criteri di efficienza e di prestigiosità, divenne in tal modo rapidamente l'amico di tutti i giorni, quasi una persona di casa, al punto che quando il suo volto sorridente appariva sui teleschermi e la sua voce penetrava tra le pareti domestiche, si instaurava un'atmosfera gioiosa, e i bimbi per primi facevano festa.

Quel 28 ottobre, grazie alle volontà riunite di cardinali anziani, un anziano, dal cuore fresco e giovane, entrò nella successione dell'apostolo Pietro.

Un vecchio prelato, convinto che il dinamismo di Pio XII avesse risolto esaustivamente i problemi del nostro tempo, mi disse un giorno in tono confidenziale: «Prega il Papa di non darsi pensiero di scrivere encicliche, di fare troppi discorsi, di canonizzare santi, di inventare nuove celebrazioni *ad Forum Sancti Petri,* in piazza San Pietro. Stiamocene un po' tranquilli».

Giovanni XXIII, proprio perché interiormente *tranquillo,* si mantenne di continuo docile alla voce dello Spirito. Contrario alle esibizioni avventurose e al clamore delle piazze, non potrà però sottrarsi ai comandi del suo Signore: «Passiamo a un'altra riva. Getta le reti al largo. Evangelizza tutti gli uomini».

La già avviata internazionalizzazione del Collegio cardinalizio ricevette nuovo impulso: entrarono finalmente in esso i figli delle Isole Filippine, del Giappone, del Messico, della Tanzania (il primo cardinale di pelle nera, Laurean Rugambwa, immortalato da Manzù nella Porta della Morte della Basilica Vaticana). I vescovi avvertirono che su di loro il Papa rivolgeva un'attenzione più accentuatamente fraterna, preludio dei lavori del Concilio; i cristiani separati dalla Sede Apostolica riudirono parole invitanti a colmare abissi di rivalità e di incomprensioni; il laicato divenne consapevole che gli veniva chiesta una più incisiva e coraggiosa presenza nel mondo. Niente di sconvolgente in tutto ciò, dacché crediamo che la sola nascita di Cristo sia stata un fatto che ha cambiato irreversibilmente il cammino della storia e ha rinnovato l'umanità.

Quale meraviglia che il Papa scendesse per le strade, visitasse le parrocchie di borgata, esercitasse le opere della misericordia, ricevesse tutti, rifiutandosi di chiudere la porta in faccia a chicchessia, per poter ripetere a ciascun uomo, con rispetto, simpatia e fiducia, le parole di Cristo, cariche di comprensione, di misericordia, di perdono?

Quale meraviglia che il Papa convocasse intorno a sé i suoi fratelli vescovi, come Pietro nell'anno 50 accolse Paolo e Barnaba, circondato dagli altri apostoli e dagli anziani?

Nel periodo che precede il Concilio, dal secondo dopoguerra alla fine degli anni Cinquanta, il mondo conosce una fortissima e rapida trasformazione in vari campi. Con la scomparsa dell'era coloniale, molti Paesi del cosiddetto Terzo Mondo, soprattutto afroasiatici, acquistano l'indipendenza e pretendono che venga riconosciuta la loro cultura. L'Occidente è una realtà sempre meno agricola e sempre più industriale. Il prevalere di un'economia di mercato e la diffusione dei mezzi di comunicazione – in particolare la televisione – incidono sul costume, sostenendo l'affermazione di un nuovo stile di vita. Crescono le esigenze e tramonta il modello tradizionale di famiglia.

Sono gli anni della Guerra fredda che divide il mondo in due blocchi, egemonizzati dagli Stati Uniti da una parte e dall'Unione Sovietica dall'altra. Questa contrapposizione produce gravi contraccolpi anche nella Chiesa: molti cattolici dei Paesi soggetti al blocco comunista sono gravemente impediti nella loro libertà religiosa. Oltre che nei Paesi dell'Europa dell'Est, schiacciati da regimi comunisti, in quegli anni la Chiesa cattolica soffre una terribile persecuzione anche in Cina. Espulsi tutti i vescovi e i missionari stranieri, gli ecclesiastici cinesi e i responsabili dei vari movimenti laicali sono imprigionati, le chiese chiuse e i fedeli isolati dal resto del mondo. Il governo di Mao crea organismi statali come l'Ufficio per gli Affari Religiosi e l'Associazione Patriottica dei Cattolici Cinesi, con lo scopo di guidare e controllare ogni attività religiosa. Nel 1958 si hanno le prime due ordinazioni episcopali senza il mandato papale, dando inizio a uno scisma che rompe la comunione con Roma. Molti cattolici cinesi però rimangono uniti al Papa e danno vita a una Chiesa «clandestina», che paga a caro prezzo la sua fedeltà.

Nella Chiesa cattolica, gli anni Cinquanta vedono un crescente contrasto fra orientamenti aperti e tendenze tradizionaliste. Le spinte più conservatrici, forti soprattutto al centro, emergono nel concordato spagnolo (1953), nella «scomunica» ai comunisti (1949), nei frequenti interventi romani che culminano con l'Enciclica Humani Generis *di Papa Pio XII (1950). Gli indirizzi più moderni sono difesi da personalità rappresentative, specialmente in Francia e in Italia, dai preti operai, dagli esponenti della Nouvelle Théologie, come Daniélou, De Lubac, Chenu, Congar. In questi ambienti ecclesiali si avverte l'urgenza di adeguare la Chiesa e di vincere la sua diffidenza nei confronti di una realtà profondamente cambiata.*

Sarà proprio questa continua ricerca del dialogo e del confronto a caratterizzare Giovanni XXIII e il suo pontificato.

EB

4

Il Concilio Vaticano II

Quasi sessant'anni or sono, il 25 gennaio 1959, a San Paolo fuori le Mura, Giovanni XXIII, tre mesi dopo essere entrato nella successione di Simon Pietro, diede alla cristianità l'annuncio del Concilio Vaticano II.

Il tempo passato aiuta a risvegliare impressioni incancellabili e consente di riconoscere che stanchezze, o fragilità, o infedeltà furono scosse da quella decisione di incalcolabile portata.

Alcuni si resero conto subito di questo dono di Provvidenza e ne conservano un segno indelebile nell'anima. Altri si aggiunsero poi: «Passa di mezzo alla città, in mezzo a Gerusalemme e segna un *tau* sulla fronte degli uomini che sospirano e piangono per tutti gli abomini che vi si compiono».

Nell'ora stabilita da Dio, come risposta a «lamenti, pianti e guai» (*Ez* 2,9), Giovanni XXIII, radicato nella storia biblica e nella tradizione patristica, con parola scarna e «umile risolutezza di proposito» segnalò alla Chiesa di Roma e alle Chiese sparse nel mondo «il richiamo di alcune forme antiche di affermazione dottrinale e di saggi ordinamenti di ecclesiastica disciplina (concili e sinodi), che, in epoca di rinnovamento, diedero frutti di straordinaria efficacia per la chiarezza del pensiero, per la compattezza dell'unità religiosa, per la fiamma più viva del fervore cattolico».

Occorre partire da queste considerazioni sottolineate da Giovanni XXIII nel suo annuncio del Concilio per capire cosa è stato quell'evento, donde trasse aspirazione, dove volesse condurre.

Il mondo a cui stava parlando non era quello che conosciamo oggi: non eravamo cresciuti in un'era di pace, la guerra era il pane quotidiano dell'Occidente. L'esperienza di molti uomini e donne della mia età sta racchiusa negli interstizi di due guerre mondiali, ma anche dentro la provvida militanza dell'Azione Cattolica, la rianimazione missionaria, la restaurazione liturgica, la fioritura della dottrina sociale della Chiesa. Certo fu arduo contrastare il pregiudizio della cultura dominante: preti e loro accoliti andavano bene per tenere a bada la gente, educarla nel rispetto dell'autorità costituita. Erano liberi di esercitare il culto, di promuovere pellegrinaggi, di provvedere a sfamare e alloggiare diseredati, ma per il resto dovevano accontentarsi di un ruolo subalterno.

Nel primo dopoguerra i credenti maturarono la convinzione di dover operare compatti e coraggiosi; nel secondo intravidero nuove opportunità per contribuire allo studio e alla soluzione dei drammi contemporanei, retaggio di ribellione alle tavole della Legge e di enfatica esaltazione del progresso comunque inteso.

Grazie a Dio, che non abbandona i singoli e i popoli, la fede si rianimò. L'anelito alla ricomposizione dell'unità dei cristiani, il dialogo con le culture, la riscoperta di semi del Verbo all'infuori della nostra Chiesa non degenerarono in ottimismo di maniera, in compromessi per conseguire successi effimeri.

Quando Papa Giovanni annunciò il Concilio non eravamo nascosti nelle catacombe. I fermenti pullulavano. La Chiesa appariva salda nel suo compito di custode del diritto, assertrice della dignità umana, animatrice di carità.

C'era nell'aria attesa di lievitazione. Il mondo diviso in due blocchi mostrava la sua debolezza. Guerra fredda, conflitti locali e arroganze ideologiche non impedirono il ridestarsi del senso religioso e la speranza di un nuovo ordine di rapporti umani fondato, come dirà quattro anni dopo nell'enciclica *Pacem in terris*, «sulla verità, costruito secondo giustizia, animato dall'amore e posto in atto nella libertà».

L'annuncio del Concilio non provocò scroscio di campane a festa, invitò invece ad aprire gli occhi su una preoccupante realtà, cui si doveva provvedere con rimedi radicali.

Il «Papa ottimista», il «Papa sorridente» diede

l'annuncio dopo aver esplicitamente palesato la triste condizione dell'umanità dilaniata da violenze, percorsa da fremiti di ribellione, tentata di volgersi unicamente alla ricerca di beni materiali, priva di libertà, incline a bruciare incenso agli idoli di turno.

Né si contentò di lanciare una generica accusa «all'abuso e al compromesso della libertà dell'uomo, che non conoscendo i cieli aperti, e rifiutandosi alla fede in Cristo Figlio di Dio, redentore del mondo e fondatore della Santa Chiesa, si volge tutto alla ricerca dei cosiddetti beni della terra, sotto la ispirazione di colui che il Vangelo chiama principe delle tenebre», ma denunciò esplicitamente la persecuzione perpetrata dalle ideologie e dai sistemi economici dominanti, intesa a cancellare il nome di Dio e a ridurre in schiavitù il genere umano.

L'annuncio del Concilio avvenne in un contesto rigoroso. Sin da quel momento il Papa imprevedibile lasciò trasparire il suo animo risonante di antichi ricordi, di studi metodici, di impulsi incoercibili disciplinati dalla grazia: vita di servizio pastorale, di ricerca ininterrotta del bene delle anime. Egli era preparato ad assistere alla germinazione di quell'idea che avrebbe risposto alle necessità del popolo cristiano.

Ci si chiede tuttora come gli fosse sorta in mente l'idea del Concilio. Non è la prima volta che mi accade di accennare alle premesse dell'evento e al suo avviarsi, quali fossero l'ispirazione originaria, le intenzioni e gli orientamenti da lui chiaramente espressi, pur senza mai ignorare la collegiale ricerca di verità.

L'accenno al Concilio appare per la prima volta nelle note personali di Giovanni XXIII il 2 novembre 1958, quando era Papa da appena cinque giorni. A me lo confidò qualche giorno prima, il 30 ottobre, nemmeno quarantotto ore dopo l'elezione. Non era una decisione, ma nemmeno un'idea buttata lì. Quando mi fece partecipe del suo proposito, la mia reazione immediata apparve fredda e scontrosa. Eravamo in auto, di ritorno da una visita a una parrocchia romana, e piuttosto che rispondergli con le mie titubanze, preferii chiudermi nel silenzio.

Nei giorni successivi l'episodio si ripeté per due volte, e nuovamente mi ritrovai muto pur di non contrariarlo apertamente. Nel ricevere quelle confidenze, fattemi quasi di passaggio, il mio primo impulso era di respingerle, per evitare al Papa un cammino che si sarebbe di certo rivelato lungo e difficile, inadatto al passo di un uomo pressoché ottantenne. Anch'io, pur amandolo filialmente e ammirandone la straordinaria ricchezza interiore, pensavo che l'impresa esigesse un uomo meno anziano e una progettazione tanto laboriosa da sembrare irrealizzabile nel rimanente arco di vita di Giovanni XXIII.

Ma le mie evidenti titubanze non lo frenavano. Anzi, davanti alla mia ennesima scena muta, il Papa mi chiese perché mai non trovassi la forza di rispondergli. Trovai il coraggio e gli dissi: «Da giovane lei è stato segretario del suo vescovo Radini-Tedeschi e mi ha insegnato che quando questi diceva qualcosa che non condivideva, lei restava in silenzio».

Il Papa si lasciò andare al sorriso, ma ciò che stava per dirmi non era soltanto un commento bonario: si trattava di un insegnamento che avrei portato con me tutta la vita.

«Lo so perché non sei d'accordo» disse. «Sei poco umile e vuoi troppo bene al Papa! Tu temi che, perché sono vecchio, potrei cominciare qualcosa che non potrò mai finire, e che così farò una brutta figura con la storia.»

«Santità» accennai. «È un impegno gravoso... alla sua età...»

«Tu dimentichi» lui mi ribatté, «che le cose non si fanno per fare bella figura, ma per obbedire a Dio. È solo quando avrai messo il tuo io sotto i piedi che potrai dirti davvero un uomo libero!»

Mi aveva messo alle strette. Mi bastò quello scambio per capire quanto poco avessi compreso il peso di quella scelta, quanto fosse frutto non di una realistica pianificazione ma di un suo impulso connaturato e sincero, covato nel cuore durante i suoi tanti anni di apostolato.

Peccavo di efficientismo, condizionato com'ero da un'ottica alterata che mi portava a vedere il Concilio soltanto come una lunga serie di scadenze operative.

Il progetto mi faceva paura. E stetti tutto novembre e dicembre in attesa che la volontà del Papa giungesse a un'ulteriore maturazione.

Il primo, ancora impenetrabile, cenno pubblico al Concilio apparve il 15 gennaio 1959 sulla «Rocca», il quindicinale della Pro Civitate Christiana di Assisi. Si trattava della consueta lettera di don Giovanni Rossi, un tempo segretario del beato cardinale Ferrari, arcivescovo di Milano. Fra le righe, don Rossi si lasciò sfuggire un piccolo dettaglio di cui solo oggi possiamo ravvisare la forza rivelatrice: «Il Papa si scusò di non avermi potuto ricevere e mi disse tante cose, tutte belle, ma soprattutto me ne confidò, come un gran segreto, una sua. Che il Signore gli doni la gioia di compierla. Sarà nel nostro tempo uno dei più gloriosi fasti del suo pontificato».

Quelle poche parole confidategli dal Papa dovettero provocare in don Rossi una tale felicità che a fatica riuscì a tenerle per sé. Quel «gran segreto» altro non era che l'annuncio del Concilio, e don Rossi capì subito di aver assistito ai primi silenziosi passi di un percorso epocale.

Fino al 20 gennaio, tuttavia, sembrò che niente fosse ancora deciso. A quella data il cardinale Tardini annotò nella sua agenda quotidiana:

> Sua Santità ieri pomeriggio ha riflettuto e concretato sul programma del suo pontificato. Ha ideato tre cose: Sinodo diocesano, Concilio ecumenico, aggiornamento

> del Codice di diritto canonico. Vuole annunziare questi tre punti domenica prossima ai signori cardinali dopo la cerimonia di San Paolo.

La sera stessa anche il Papa tracciò una nota, ed è proprio il caso di dirlo, *ad perpetuam rei memoriam*.

> Giornata *albo signando lapillo*. Nella udienza col Segretario di Stato Tardini, per la prima volta, e, direi, come a caso, mi accadde di pronunciare il nome di *Concilio*, come a dire che cosa il nuovo Papa potrebbe proporre, come invito ad un movimento vasto di spiritualità per la Santa Chiesa e per il mondo intero. Temevo proprio una smorfia sorridente e sconfortante come risposta. Invece al semplice tocco il Cardinale – bianco in viso, e smorto – scattò con una esclamazione indimenticabile ed un lampo di entusiasmo: «Oh, oh! Questa è un'idea, questa è una grande idea». Devo dire che *viscera mea exultaverunt in Domino*, tutto il mio essere esultò nel Signore; e tutto fu chiaro e semplice nel mio spirito, e non credetti di dover aggiungere parola. Come se l'idea di un Concilio mi sorgesse in cuore con la naturalezza delle riflessioni più spontanee.

La felicità trattenuta a stento di don Rossi e la gioia del cardinal Tardini furono per Papa Giovanni un balsamo, un deciso invito a intraprendere una strada che le mie incertezze gli avevano prefigurato come troppo ardua e accidentata.

Le note diaristiche di Tardini e del Papa si completano nel *Giornale dell'Anima* con il commento di Giovanni XXIII alla vigilia dell'apertura del Concilio. Fra le «grandi grazie concesse a chi ha poca stima di se stesso», il Pontefice annovera proprio la spontanea e feconda scelta di confidare il suo progetto al suo segretario di Stato.

> Senza averci pensato prima, metter fuori in un primo colloquio col mio Segretario di Stato, il 20 gennaio 1959, la parola di Concilio ecumenico, di Sinodo diocesano e di ricomposizione del Codice di Diritto Canonico, senza aver prima mai pensato, e contrariamente ad ogni mia supposizione o immaginazione su questo punto. Il primo ad essere sorpreso di questa mia proposta, fui io stesso, senza che alcuno mai me ne desse indicazione.

Ed eccoci all'aurora del 25 gennaio. Dopo la messa in casa, il Papa silenzioso e raccolto si avvia verso San Paolo fuori le Mura. Solo un pugno di persone sa che, finita la messa, egli intratterrà i cardinali a concistoro nell'aula capitolare dell'abbazia benedettina per un inatteso discorso.

Aveva trascorso gli ultimi giorni in preghiera e ben poco tempo aveva riservato a scrivere le parole che a momenti avrebbe pronunciato davanti a quel gruppetto di cardinali.

Erano passate da poco le tredici quando Giovanni

XXIII, davanti a un piccolo e ancora inconsapevole uditorio, scandì le seguenti parole:

> Miei venerabili fratelli del Collegio cardinalizio! Pronuncio innanzi a voi, certo tremando un poco di commozione insieme con umile risolutezza di proposito, il nome e la proposta della duplice celebrazione di un Sinodo diocesano per l'urbe e di un Concilio ecumenico per la Chiesa universale auspicando un amabile e rinnovato invito per i nostri fratelli delle Chiese separate a partecipare con noi a questo evento di grazia e fraternità.

Il discorso dell'annuncio gli era uscito dal cuore e dalla penna con naturale spontaneità, eppure già lasciava intravedere quali sarebbero stati il metodo di lavoro preparatorio e la dinamica delle assisi conciliari. Il cardinale Tardini, che lo aveva letto ancora in fase di lavorazione, si era già mostrato soddisfatto ed esultante e si limitò a chiedermi di suggerire al Papa alcune piccole varianti marginali che accettò volentieri.

La scelta di preannunciare un evento di una simile portata proprio davanti al ristretto gruppo dei cardinali dell'Urbe aveva un significato preciso. Il Papa voleva offrire un «fiore di anticipata primavera» prima di tutto a Roma, per poi propagarlo nel resto del mondo.

Tornando con la memoria a quel giorno, tutto si fa nitido: ricordo la serenità del Papa, il suo raccoglimento, la sua intensa preghiera del pomeriggio. Sentimenti e disposizioni interiori si trovano compendiati in una sua nota personale.

> *Felix et memoranda dies*. A San Paolo trionfo di clero e di popolo. Assistei alla Messa cantata dall'Abate di San Paolo d'Amato. Cardinali presenti 12: quanti poterono venire. Mia omelia letta dal trono: argomenti di circostanza la chiusa dell'Ottavario per la Unione delle Chiese, e preghiere speciali per la Cina dove la persecuzione contro la libertà della Chiesa minaccia di produrre uno scisma che è già in atto. Il punto più importante però fu la mia comunicazione segreta per i soli Cardinali, del triplice disegno del mio Pontificato: Sinodo Diocesano, Concilio ecumenico Vaticano II, aggiornamento del Codice di diritto canonico. Tutto ben riuscito. Io mantenni la mia continuata comunicazione con Dio.

Rifletto ancora adesso sul mio stato d'animo in quella domenica 25 gennaio 1959, mentre accompagnavo il Papa a San Pietro fuori le Mura. Rivedo tutto, minuto per minuto. Lui è sereno e raccolto. Io, silenzioso e intimidito, suggestionato dai nomi e dall'annuncio: basilica ostiense, cenobio benedettino, ottavario di preghiere per l'unione dei cristiani...

Vissi quelle cinque ore come trasognato: partenza dal Vaticano alle 9, ritorno alle 14. È in quella parentesi temporale che si mise in moto davanti ai miei occhi il grande progetto papale.

Così il Concilio, come polla d'acqua scaturita dalla roccia vaticana, iniziò lento e solenne il suo percorso.

Molti chiesero allora se il Papa fosse consapevole di cosa avrebbe comportato quella scelta. Ovviamente non poteva prevederne tutte le conseguenze, ma prendere un impegno davanti a Dio – come fece Giovanni XXIII con l'annuncio del Concilio – è un bisogno insopprimibile per chiunque voglia vivere il Vangelo. Papa Giovanni sapeva che Dio ispira le più grandi imprese. La grazia sua aiuta gli umili ad avviarle e a portarle a compimento. Difficoltà e oscurità, incomprensioni e impazienze, paure e timidezze sono ineliminabili dalla nostra condotta. Non è questione di calcoli né di rischi. Giovanni non era un temerario. Era un uomo di fede. E la fede fu sempre l'unica sua guida, come del resto gli aveva insegnato il suo più fedele compagno di viaggio: un piccolo libro legato a un momento cruciale della sua giovinezza.

Il chierico Angelo Giuseppe Roncalli aveva diciassette anni quando, nel settembre del 1898, morì don Francesco Rebuzzini, parroco della sua Sotto il Monte. Quel parroco era tutto per lui: l'aveva battezzato, ammesso alla prima comunione, iscritto all'apostolato della preghiera, preparato alla cresima, avviato al seminario, invitato a iscriversi al terzo ordine francescano. Era naturale che egli desiderasse un ricordo tangibile del suo benefattore. Gli venne allora offerto un mantello o una veste talare, ma egli non voleva nulla che avesse parvenza di eredità. Come annotò allora nel suo *Giornale dell'Anima*, la sua scelta ricadde quindi su un oggetto di valore inestimabile.

> Ci son riuscito ad ottenere, per prezioso ricordo del parroco, il suo Kempis, quello istesso che egli, sin da quando era chierico, usava tutte le sere. E pensare che su di questo libricciolo egli si è fatto santo. Oh! Questo sarà sempre per me il libro più caro e una delle gemme più preziose che io mi abbia.

Quel Kempis, ossia *L'imitazione di Cristo* di Tommaso da Kempis, da molti considerato il quinto Vangelo, lo avrebbe accompagnato lungo tutta la sua esistenza: a Bergamo e Roma, in Bulgaria, Turchia e Grecia, in Francia, a Venezia e infine sulla Cattedra di Pietro.

Durante la preparazione del Concilio e la prima sessione, quell'edizione veneziana del 1745, da ormai sessantasei anni tra le sue mani, attestava che la sua vita e il suo servizio s'erano modellati – proprio come insegnava Tommaso da Kempis – sull'imitazione del divino Maestro, in emulazione dell'ottimo parroco Rebuzzini e di tutti i santi preti e laici, uomini e donne che hanno onorato la Chiesa ed edificato le nostre comunità.

Con quel libro tra le mani e in onore ai principi di

fedeltà e rinnovamento, Giovanni XXIII si apprestava a far compiere alla Chiesa un epocale passo in avanti.

Fin da subito, ancor prima che si inaugurassero i lavori (che si sarebbero aperti ufficialmente solo l'11 ottobre 1962), la strada del Concilio si dimostrò difficoltosa e accidentata. Per quanto oggi si viva ancora in una realtà percorsa da profonde divisioni, il mondo di allora era attraversato da barriere pressoché impossibili da valicare. Gli spostamenti erano più complessi e meno frequenti non solo per ragioni tecniche, ma soprattutto perché le contrapposizioni che la conferenza di Jalta aveva imposto al nostro pianeta rendevano estremamente ardua la libera circolazione degli individui da un blocco all'altro.

Il primo grande problema organizzativo che si dovette affrontare fu quindi la convocazione dei tanti vescovi disseminati nei Paesi dell'Est europeo. Per farlo, Giovanni XXIII poteva contare sull'operato di un suo uomo di fiducia, Francesco Giuseppe Lardone. Si trattava di un diplomatico che aveva lavorato negli Usa, a Haiti, in Perù e in Turchia. E fu proprio grazie al suo incarico di nunzio apostolico a Istanbul che Lardone riuscì a svolgere un delicatissimo lavoro di intermediazione con gli ambasciatori di molte repubbliche socialiste. In questo modo Lardone garantì libertà di movimento a quasi tutti i vescovi della Jugoslavia, dell'Ungheria, della Romania, della Cecoslovacchia, della Polonia e via dicendo, permettendo loro di partecipare al Concilio.

Il problema però si fece assai più spinoso quando si trattò di contattare i vescovi della Cina. Se i Paesi dell'orbita sovietica erano difficili da avvicinare, la nazione di Mao era ancora più impenetrabile. Chi poteva aprire un dialogo con le autorità cinesi?

L'unica possibilità sembrava quella di avvalersi dei servigi di un uomo non direttamente legato al clero, ma di altissima statura morale e di comprovata fiducia. La scelta ricadde su Giorgio La Pira per via delle sue fitte conoscenze con gli ambasciatori di tutto il bacino mediterraneo, incluso quello cinese in Egitto, all'epoca uno fra i pochissimi rappresentanti del governo di Mao realisticamente avvicinabile. Per percorrere questa via diplomatica così irrituale si doveva però ottenere il consenso della Congregazione per gli affari pubblici straordinari, un organismo vaticano composto di dodici cardinali, fra i quali il nuovo segretario di Stato Amleto Giovanni Cicognani (Tardini era morto nel luglio del 1961). Purtroppo il verdetto fu negativo: nove voti contrari contro appena tre favorevoli. E tuttavia, nel porgermi il verbale da portare al Papa, il cardinale Angelo Dell'Acqua – vicino a Roncalli sin dalla sua esperienza turca – mi pregò di intercedere presso il Santo Padre al fine di convincerlo a ribaltare, com'era in effetti in suo potere, l'esito di quella sfortunata consultazione.

«Capovilla, la prego, si inginocchi davanti al Papa, si prostri ai suoi piedi e lo convinca a stare dalla parte di quei tre voti favorevoli!»

Avevo piena stima delle opinioni di Dell'Acqua e, nonostante si trattasse di una richiesta irrituale, compresi le buone intenzioni che la sostenevano. Ritrovatomi dinanzi al Pontefice, gli porsi il verbale e gli ripetei quanto mi era stato riferito.

«Santità, Dell'Acqua mi ha pregato...»

Capì subito cosa stavo per chiedergli. Prese i fogli e fece silenzio.

«Loris» mi rispose grave dopo aver letto l'esito della votazione, «io non sono un essere infallibile. Non posso permettermi di scavalcare il giudizio di ben nove persone e addentrarmi senza il sostegno dei miei fratelli in un territorio così pericoloso. Vuol dire che Dio ha stabilito così.»

Queste e altre difficoltà trovò il Concilio lungo il suo osteggiato cammino. Non furono solo le spinose questioni diplomatiche a renderne difficoltoso lo svolgimento, ma anche le profonde e purtroppo spesso irrimediabili divergenze che animavano (e animano tuttora) il dibattito in seno alla Chiesa. Se il Concilio Vaticano II, che va letto nell'ottica della legislazione e della temperie culturale degli anni Sessanta del secolo scorso, non ebbe l'accoglienza che meritava, significa che i suoi articoli non sono stati considerati nel contesto della disciplina ecclesiastica allora vigente. Se il Codice (che il cardinale Pericle Felici avrebbe voluto denominare «giovanneo-paolino»), promulgato dopo personale vaglio da Giovanni Paolo II, incontra difficoltà di interpretazione e di applicazione, dipende dal fatto che taluno ignora i contenuti del capitolo terzo della Costituzione *Lumen gentium*, non a caso intitolato *La missione del figlio*.

> È venuto quindi il Figlio, mandato dal Padre, il quale ci ha scelti in lui prima della fondazione del mondo e ci ha predestinati ad essere adottati in figli, perché in lui volle accentrare tutte le cose (cfr. *Ef* 1,4-5 e 10). Perciò Cristo, per adempiere la volontà del Padre, ha inaugurato in terra il regno dei cieli e ci ha rivelato il mistero di lui, e con la sua obbedienza ha operato la redenzione. La Chiesa, ossia il regno di Cristo già presente in mistero, per la potenza di Dio cresce visibilmente nel mondo. Questo inizio e questa crescita sono significati dal sangue e dall'acqua, che uscirono dal costato aperto di Gesù crocifisso (cfr. *Gv* 19,34), e sono preannunziati dalle parole del Signore circa la sua morte in croce: «Ed io, quando sarò levato in alto da terra, tutti attirerò a me» (*Gv* 12,32). Ogni volta che il sacrificio della croce, col quale Cristo, nostro agnello pasquale, è stato immolato (cfr. *1 Cor* 5,7), viene celebrato sull'altare, si rinnova l'opera della nostra redenzione. E insieme, col sacramento del pane eucaristico, viene rappresentata ed

> effettuata l'unità dei fedeli, che costituiscono un solo corpo in Cristo (cfr. *1 Cor* 10,17). Tutti gli uomini sono chiamati a questa unione con Cristo, che è la luce del mondo; da lui veniamo, per mezzo suo viviamo, a lui siamo diretti.

Far «crescere visibilmente nel mondo» la Chiesa vuol dire metterla a confronto con il contesto che abita e se il Concilio non ha raggiunto tutte le mete prefissate o stenta a conseguirle, vuol dire che le responsabilità sono da cercare in noi uomini della Chiesa. «Tutti gli uomini sono chiamati a questa unione con Cristo», ma se questa conversione – la conversione cui Giovanni XXIII invitò tutte le Chiese – sarà ulteriormente rimandata, l'unione con Cristo tarderà ad arrivare.

Ma l'eredità del Concilio non è solo nella presa di coscienza di questo nostro limite. Grazie a Dio, grazie anche a Papa Giovanni, che si fece luminoso interprete delle aspirazioni della più ispirata tradizione teologica, il Concilio ci ha lasciato dei documenti fondamentali e fondativi. Sono le quattro Costituzioni, ognuna delle quali ci aiuta ancora oggi nel nostro cammino di fede. Grazie alla *Lumen gentium* sappiamo, meglio di ieri, chi siamo e dove siamo diretti. La *Dei Verbum* ci ha insegnato quale lingua dobbiamo parlare e quale messaggio diffondere. Nella *Sacrosantum Concilium* scopriamo come e con quanta intensità pregare. Con la *Gaudium et spes*, infine, abbiamo imparato quale atteggiamento tenere dinanzi ai problemi e ai drammi dell'umanità contemporanea.

Questi quattro pilastri sorreggono l'edificio della teologia pastorale che si confronta con i bisogni e le urgenze odierne, e sollecitano a proseguire nel dialogo con Dio e con tutte le componenti della famiglia umana.

La ricchezza di questi insegnamenti non è stata dimenticata e la ritroviamo nella testimonianza dei tanti uomini e donne che hanno fatto del bene donandosi al prossimo. Nulla infatti va perduto. Il vento dello Spirito trasporta ovunque la semenza della Parola. Il cammino iniziato è irreversibile. I benefici apportati dall'assise ecumenica superano di gran lunga i disagi, le indiscipline, le strumentalizzazioni e tutte le difficoltà di percorso che è impossibile nascondere.

Taluni chiedono cosa intendesse raggiungere Papa Giovanni con la celebrazione del Concilio, altri vorrebbero sapere se non siano stati bruciati i tempi, se durante i lavori non sia successo qualcosa di inatteso, come lo scoppiare di un ordigno in mani inesperte, se semplicità e innocenza non abbiano giocato brutti scherzi, se la prudenza nell'annuncio, nella preparazione e nell'indizione abbia avuto, sin dalla prima scintilla, il suo posto d'onore.

Non ho le forze per lanciarmi in una disamina che mai riuscirebbe puntuale come sarebbe giusto, ma per trovare risposta a tutte queste legittime curiosità basterebbe scorrere le deliberazioni del Concilio. Tuttavia credo che la dimostrazione dell'efficacia di quell'epocale esperienza si trovi, ancor prima che nei testi partoriti in quei giorni, nella testimonianza dei Papi che sono successi a Giovanni, nello slancio ecumenico e missionario dei loro pontificati. È lì che si nasconde, alla luce del giorno, il lascito più importante e incancellabile dell'esperienza di Roncalli.

Come disse Giuseppe Verdi ai funerali di Alessandro Manzoni: «I *Promessi sposi* non sono appena un libro, ma una consolazione per sempre». Allo stesso modo, con la sua fede rocciosa, la sua semplicità e prudenza, Papa Giovanni volle essere una benedizione per tutti. E il Concilio Vaticano II, da lui annunciato, indetto, avviato e pagato con l'oblazione delle sue sofferenze, non è semplicemente un solenne atto del suo magistero: esso è una consolazione e un incoraggiamento per sempre.

Nei primi cento giorni di pontificato Papa Giovanni compie gesti innovativi di grande significato: dichiara la volontà di celebrare un sinodo per la diocesi di Roma, di riunire un Concilio della Chiesa universale e di aggiornare il Codice di diritto canonico. Queste tre iniziative di enorme portata storica, oltre che ecclesiale, sono accompagnate da moltissime altre scelte «quotidiane» che segnano un netto cambio di passo e di stile rispetto all'epoca precedente: dieci giorni dopo l'elezione al papato, riceve Roger Schutz, priore evangelico di Taizé, comunità monastica impegnata in campo ecumenico. Dà udienza a rappresentanti delle Chiese cristiane non cattoliche, come il dottor Fisher, primate della Chiesa anglicana. Accoglie con grande calore don Primo Mazzolari, parroco della pianura mantovana e scrittore «scomodo» e trattato con diffidenza dalle gerarchie ecclesiastiche. Incontra esponenti di Paesi dove impera la dittatura comunista, come la figlia del presidente dell'Unione Sovietica Nikita Krusciov.

Giovanni XXIII varca spesso le mura vaticane per andare a visitare parrocchie e borgate romane, ospedali, carceri, santuari: dai tempi di Pio IX nessun Papa aveva messo piede fuori dalla Santa Sede. Quando passeggia per i Giardini Vaticani si ferma spesso a salutare operai e domestici, ai quali fa ottenere anche un aumento di stipendio. Tutte le sere, prima di ritirarsi nelle sue stanze, va in cucina a dare la «buonanotte» alle suore che si prendono cura dell'appartamento pontificio. Intende in modo meno rigido le regole del cerimoniale e abolisce il bacio della «sacra pantofola».

EB

5

Passeggiando nei Giardini Vaticani

Sono un vecchio prete tuttofare. Non mi attribuisco l'ambito appellativo di «facchino di Dio». Facchino sì; di Dio, per davvero e sin nel midollo, è tesi controversa nella mia coscienza sincera e severa. Non sono poeta, né musico né cantore, né esegeta né esperto in qualcosa.

Vi dovete contentare del mio estro empirico, che vi presenta un abbozzo artigianale di Giovanni XXIII, estratto dal molto che vorrei esternare in ginocchio. Non per teatrale esibizione né per artificiosa interpretazione di desueti protocolli, ma perché mi viene spontaneo, come provo spontaneo impulso a inchinarmi dinanzi ai capolavori del creato o a donne e uomini ai quali i mass media non concederebbero un minuto di attenzione, mentre sono autentici luminari di sapienza, gemme di incalcolabile valore, fuochi di bontà contagiosa.

Pervenire in fretta a un giudizio definitivo sulla

personalità, pur così avvincente, di Giovanni XXIII e sul servizio da lui compiuto importa relativamente. Egli stesso non gradirebbe che si proferissero a suo riguardo elogi privi di autentico senso evangelico e impervi al più largo consenso. «Se tu sapessi» confidava, «quale rossore io provo a sentirmi chiamare: "Santo Padre". Non c'è grandezza, non c'è bontà, non c'è giustizia davanti a Dio. Siamo tutti i suoi piccoli figli.»

Era questo non solo un riflesso della sua educazione contadina, ma anche e soprattutto una sua profonda convinzione, capace di trasparire dal suo comportamento indipendentemente da chi si trovasse davanti. Si trattasse di grandi uomini di Stato o di semplici pellegrini, Giovanni XXIII si concedeva con fraterna umiltà a chiunque chiedesse la sua attenzione. E tuttavia aveva ben presente quanto la sua persona e il suo ruolo stimolassero in tanti un sincero e non servile istinto di adorazione. Il Pontefice, pur non cercando né incoraggiando questo tipo di comportamenti, comprendeva la naturalezza di simili atteggiamenti e si limitava a coglierne gli aspetti più genuini.

Un giorno dell'agosto 1962, per esempio, il Papa ricevette in udienza Achille Palmerini, neoeletto vescovo di Isernia e Venafro. Dopo il colloquio privato – paragonabile a una sosta sul Tabor – vennero ammesse alla presenza del Pontefice le persone del seguito, tra cui l'anziana Ernestina Palmerini, che accudiva il fratello sacerdote. Vestita di nero, col velo sul capo, la donna abruzzese si accostò al Papa riverente e coraggiosa, ben consapevole che non avrebbe più avuto occasione di rivolgersi direttamente al vicario di Cristo.

«Santo Padre, io ho sempre desiderato de vedette, de parlatte, de toccatte» disse la donna nel suo dialetto, mentre timidamente cercava di sfiorare le mani che il Papa teneva incrociate sul petto. Giovanni XXIII le rispose con un sorriso, acconsentì a farsi toccare dalla donna ormai intimidita e avviò con il gruppo una conversazione incantevole sull'onda di lontani ricordi di famiglia e di parrocchia. Tutto qui. Nient'altro. Eppure bisogna averli vissuti quegli attimi di calda familiarità per coglierne la suggestiva e contagiosa bellezza.

L'esile donna di estrazione contadina aveva espresso compiutamente le attese e le speranze della sua gente: vedere, parlare, toccare. E il Papa non mancò di sottolinearlo ai presenti, confessando di aver apprezzato le parole sentite e quel tenero gesto di confidenza. «Nel sacerdote – Papa o vescovo o parroco – la gente vuol vedere il seguace di Cristo, porgli candidamente domande attinenti a ciò che più vale ai nostri giorni e in ogni tempo, toccare con mano il cuore della Chiesa.»

Del resto lui stesso aveva sempre coltivato un profondo rispetto per gli esponenti del clero che avevano segnato la sua vita, a partire dai suoi confessori. Anche prima di divenire Papa, Angelo Giuseppe Roncalli era solito confessarsi con ostinata regolarità ed estrema delicatezza. Ricordo che nei brevi periodi di vacanza passati al paesello nativo, l'allora vescovo Roncalli si rivolgeva per la confessione al parroco pro tempore. Per tributare rispetto alla sua autorità e al suo ministero al cospetto dei comparrocchiani, a lui affidava l'animo suo ogni venerdì pomeriggio, alle tre, nel ricordo della morte del Signore.

Divenuto Papa, le cose non cambiarono e la sua abitudine non venne mai smentita. Allorché accadeva che il venerdì coincidesse con una celebrazione festiva, egli pretendeva di anticipare la confessione, o di posticiparla al sabato: per nulla al mondo avrebbe mancato a quell'appuntamento.

Nessuno poté mai mettere in dubbio la vocazione alla castità, all'obbedienza, all'umiltà e alla carità di Giovanni XXIII. Il suo stesso confessore, monsignor Alfredo Cavagna, lo confermò. Convinto che sarebbe morto prima del Papa, egli aveva preparato nel febbraio del 1960 una lettera di congedo nella quale rievocava la ripresa, alla vigilia del Conclave del 1958, di quel loro rapporto di amicizia vecchio di mezzo secolo.

> Il Sacro Cuore permise che si riannodassero alla vostra persona quei vincoli che già si erano stretti quando eravate segretario di sua eccellenza monsignor Radini-Tedeschi, e voi pensaste a renderli più sacri e duraturi scegliendomi, nonostante la mia pochezza e fra le meraviglie di tutti, come vostro confessore. Ecco perché ho desiderato che, anche dopo la mia morte, vi giungesse il

mio più vivo ringraziamento per un atto così eccezionale. Mi spiace, se non sono stato capace di corrispondere a una grazia tanto grande; mentre posso assicurarvi che, ogni volta che mi avvicinavo, ne traevo copiosi benefici spirituali per l'anima mia. Come vedete le condizioni si mutavano.

Non dimentico le molte volte che, mentre riaccompagnavo monsignor Cavagna all'ascensore che l'aveva condotto nelle stanze del Papa per la confessione, udii il pio prelato mormorare, quasi riconsiderando tra sé e sé l'incanto della conversazione: «Oh, che sant'uomo, che sant'uomo!».

Eppure qualche peccatuccio era solito commetterlo anche lui. Ogni mattina, verso le otto, riceveva il giornale della sua città, «L'Eco di Bergamo». Dopo la colazione gli dava una rapida scorsa e, prima di dedicarsi alle udienze del giorno, lo lasciava in bella vista sulla sua scrivania, dove io puntualmente lo raccattavo insieme ad altri incartamenti da riordinare.

Una mattina, però, arrivato al suo tavolo da lavoro per rassettare, non vi trovai il giornale. Quando verso mezzogiorno incontrai il Santo Padre, gli chiesi conto di quella mancanza.

«Santità, avete ricevuto oggi il giornale?»

«Certo, ma non c'era niente di interessante...» mi rispose un po' evasivo.

«Sul vostro tavolo non l'ho trovato» lo incalzai.

«L'avrò ripiegato e buttato via.»

Tornato nello studio, cercai fra le cartacce e lì, finalmente, ritrovai il giornale. Lo spiegai e con grande sorpresa appresi dalla prima pagina che a Bergamo era avvenuto un terribile fatto di sangue. Altro che niente di interessante! Evidentemente, tutto preso dal voler difendere il buon nome della sua cara città, il Papa mi aveva raccontato un'innocente bugia.

Deciso a non fargliela passare liscia, ripiegai il giornale e lo misi da parte.

Nel pomeriggio, durante una passeggiata, lo portai con me e, sotto il suo sguardo un po' piccato, lo sfogliai commentandolo ad alta voce.

«Ah però! Anche nella sua Bergamo sono un po' briganti» dissi per punzecchiarlo.

Al che lui mugugnò, sfoggiando il più tenero dei campanilismi: «Mmm... ho letto il cognome dell'assassino. Non è delle mie parti, deve essere un bresciano!».

La stessa scena si ripeté qualche tempo dopo, quando sulla prima pagina dell'«Eco di Bergamo» venne pubblicata una foto del tutto innocente ma che per lui, data la sua formazione e la sua pudicizia, doveva risultare un po' troppo sfacciata. Si trattava semplicemente di un gruppo di giovani donne in mezze maniche, riunite in occasione di non ricordo bene cosa. Più di una volta Giovanni XXIII aveva borbottato per il non sempre esemplare contegno di alcune signore che, durante le udienze, erano solite presentarsi in abiti non troppo rigorosi. Per contrasto ricordava e magnificava la grande morigeratezza delle donne della sua terra, veri e propri esempi viventi di virtù.

Potete immaginare la sua sorpresa nel vedere quella foto proprio sul quotidiano della sua città! Anche quella volta il giornale sparì e riemerse, semioccultato, da un mucchio di scartoffie.

Quel pomeriggio, sempre con l'intenzione di punzecchiarlo, mi presentai al suo cospetto con l'«Eco» fra le mani, cantilenando fra me: «Eh, Santità, anche nella sua Bergamo la moda ormai ha preso il sopravvento sugli antichi costumi!».

A quel punto lui tagliò corto: «Non sono bergamasche! Sono *baggiane* venute da noi in villeggiatura!». I *baggiani* erano i milanesi e i brianzoli, e il Papa ci teneva a ribadire che si trattava di forestieri che nulla avevano a che spartire con la sua brava gente. A tanto arrivava l'amore per la sua città.

In nome di quella terra tanto amata si macchiò di questi innocui peccatucci, dimostrando però al contempo un attaccamento sincero alle sue origini. Eppure mai in alcun modo quel radicamento gli impedì di guardare oltre, di vedere il mondo nel suo insieme. Fu il primo Pontefice a inserire nei suoi discorsi auguri e saluti poliglotti, in modo da poter parlare ai popoli della Terra, e anche quando la malattia lo aveva spinto allo stremo delle forze, Giovanni XXIII non smise di studiare le lingue.

Ricordo che per il suo ultimo Natale, quello del 1962, mi chiese di procurargli la grammatica russa di Ettore Lo Gatto. Aveva ormai ottantun anni, eppure mi disse: «Se Dio mi dà vita, voglio impratichirmi di questa lingua...». Proprio in quegli stessi giorni aveva ricevuto gli auguri di Natale da Nikita Krusciov, cosa che aveva destato grande interesse e alimentato infinite dietrologie. «Cosa vorranno dire questi auguri? Cosa si celerà dietro questa trappola?» si chiesero in molti, mentre Giovanni XXIII si limitò a prendere quelle parole per quello che erano. «A una parola cortese si risponde sempre con una parola cortese» mi aveva sempre detto. «Non è umano pensare che dietro la gentilezza si nasconda sempre un coltello.» E in barba a tutte le infondate supposizioni e alle cavillose interpretazioni, il Pontefice, nella notte di Santo Stefano, si alzò dal letto, si inginocchiò davanti al crocifisso e fece offerta della sua vita per la Russia.

Nonostante certe sue punte di genuino provincialismo, la sua visione del mondo non ammetteva particolarismi. Del resto era lo stesso uomo che aveva ricevuto in dono dai missionari verbiti un mappamondo a cui si legò subito e che oggi è conservato nella sua casa natale di Sotto il Monte. Ogni volta, durante le udienze, il Papa chiedeva al visitatore di turno di accostarsi a quel globo e gli diceva: «Mi mostri dov'è il suo Paese. Non posso metterci i piedi, ma ci metto il mio cuore e la mia benedizione».

Ma questa sua costante aspirazione all'internazionalità non aveva affatto come riflesso indesiderato un rapporto distaccato e impersonale con chi gli stava intorno. Anzi, la ricerca della familiarità, anche e soprattutto nelle occasioni più rigidamente protocollate, era per lui un imperativo ineludibile.

Il 5 maggio 1961, per esempio, ci fu l'incontro di Giovanni XXIII con Elisabetta d'Inghilterra e il principe consorte Filippo di Edimburgo. In Vaticano si dispiegò la magnificenza delle grandi occasioni e le cronache diedero rilievo all'avvenimento, commentando nei minimi dettagli e con dovizia di particolari anche i preparativi più insignificanti. Tuttavia non poterono registrare la variazione di protocollo che il Papa aveva ideato all'ultimo momento, allo scopo di alimentare l'udienza, per così dire, con aria di casa.

Testimone del fatto, mi piace riviverlo. La mattina, preparandosi all'incontro, Giovanni XXIII mi aveva confidato: «Farò così. Introdotti la sovrana e il principe, ritiratasi la corte, suonerò il campanello. Tu entrerai e, senza che di fuori se ne accorgano, passeremo dalla sala del trono alla biblioteca privata».

All'ora stabilita, il fastoso corteo venne avanti: primo scambio di cortesie, lampi dei fotografi, curiosità dell'entourage. Chiuse la porte, trascorsero pochi minuti. Squillò il campanello tra lo stupore della corte e io entrai. Il Santo Padre mi presentò agli ospiti, chiedendo loro che io potessi restare. Aveva antecedentemente spiegato come intendesse dare a questa parte più intima dell'incontro una sottolineatura di familiarità. Detto fatto, dall'interno, senza che alcuno fuori se ne accorgesse, si passò nella biblioteca privata. Qui la conversazione prese il via toccando argomenti di varia natura, e il Papa si abbandonò a ricordi personali. «Quand'ero bambino, nella mia casa contadina, sentivo i miei vecchi nominare talvolta la regina Vittoria, imperatrice delle Indie. Ci pensavo stamattina. Il povero ragazzo di allora, collocato dalla Provvidenza a questo posto di responsabilità, si allieta di salutare la diretta discendente di quella sovrana e di rendere omaggio, attraverso lei, a tutta la nazione britannica.»

«In questa camera» proseguì il Santo Padre, «io mi intrattengo ogni giorno molte ore: vi ricevo i miei collaboratori, i vescovi e quanti desiderano parlarmi, a tutti volendo rendermi utile, a ciascuno professando rispetto, fiducia, amicizia.»

Con un largo gesto delle braccia fece cenno ai tanti ritratti alle pareti: «Sono i miei predecessori di questo secolo. Li ho voluti qui, accanto al mio servizio, perché mi assistano con valida protezione e possente preghiera. Quello è Papa Leone, *lumen in coelo*. Nel 1903 ricevette Edoardo VII; l'altro è Pio XI: ricevette Giorgio V nel 1923. Questo, più vicino, è Pio XII. Vostra Maestà lo conobbe poco prima di salire al trono. Qui, il 5 dicembre 1960, ebbi il piacere di accogliere il dottor Geoffrey Fisher, arcivescovo di

Canterbury, riallacciando un filo spezzato da quattro secoli e gli ricordai Gregorio Magno. L'Inghilterra resta pur sempre, nel nostro animo, l'Isola dei Santi, secondo l'antica denominazione».

Protraendosi la conversazione, che ormai era nel pieno, mi permisi di ricordare al Papa, con un cenno, che era scaduto il tempo. Urgeva la seconda parte del protocollo: presentazione dei due seguiti, discorso ufficiale, scambio dei doni. «Sta bene» sembrò rispondere il Papa e concluse quell'intimità di colloquio con una tra le più candide e graziose effusioni del suo cuore: «Maestà, so i nomi dei vostri figlioli, ma amerei risentirli da voi: sulle labbra di una mamma essi acquistano risonanza di inesprimibile dolcezza». La regina, già tutta presa dalla cordialità del Pontefice, a questa domanda si liberò del tutto, per così dire, dall'imbarazzo protocollare e con voce semispenta mormorò: «Anna, Carlo, Andrea». I primi due erano all'epoca adolescenti, mentre Andrea aveva poco più di un anno d'età. Al sentire quelle parole, negli occhi del Papa brillò una luce mattinale, nella sua voce risuonò un canto: «Che bei nomi! Anna significa grazia. Carlo, eccolo» disse additando con la destra un quadro raffigurante san Carlo Borromeo. «Il suo servizio episcopale fu il tema preferito dei miei studi storici. Gli ho consacrato alcuni volumi che me lo manterranno buon amico per sempre. A lui raccomando il giovane erede al trono di Inghilterra. Andrea, l'ultimo, il terzogenito! Mi piace tanto ripetere le parole liturgiche che ne celebrano la mitezza di carattere: "*Dilexit Dominus Andream in odorem suavitatis*". Auguro che diventi motivo di particolare consolazione per mamma e papà. A lui, con gioia, una carezza.»

I due personaggi sembravano incantati e inteneriti. Nella stanza splendeva il chiarore della primavera, essendosi creato un clima di alta poesia e profonda religiosità.

Due anni dopo, il 7 marzo 1963, Giovanni XXIII avrebbe rivolto la stessa domanda a un'altra mamma: non a una regina, bensì a una donna del popolo, Rada Krusciova, figlia di Nikita Krusciov, accompagnata da suo marito Alexei Adjubei. Diverso il commento ai tre nomi (Nikita, Alexis, Ivan), ma stesse parole, eguale tenerezza paterna. Molti restarono sorpresi da quella visita e certi la accolsero con vero e proprio sconcerto. Ma a queste reazioni il Papa rispondeva incredulo: «Perché? Io devo ricevere quelli che bussano alla mia porta. Li ho accolti, e abbiamo parlato anche dei loro figli. Bisogna sempre portare il discorso sui bambini. La signora Adjubei era emozionata. Le diedi un rosario ancorché lei non ne conoscesse l'utilità e non fosse certo obbligata a recitarlo. "Vedendo questo oggetto" le dissi, "vi ricorderete semplicemente che un tempo visse sulla terra una Mamma che era perfetta"».

Papa Giovanni amava il dialogo, non lo temeva, anche quando abbracciare questa scelta significava rinunciare a qualche rete di protezione. Ricordo, per esempio, che nei primi mesi del 1959, in segreteria di Stato si tenne un piccolo incontro per valutare la possibilità di organizzare un servizio sul Santo Padre da destinare non ai soliti canali della stampa ecclesiastica, ma direttamente a un influente quotidiano laico. La scelta, come prevedibile vista la sua tradizione e la grande diffusione, ricadde sul «Corriere della Sera». All'epoca l'esperto vaticanista della testata era Silvio Negro, un uomo molto preparato, profondo conoscitore degli ambienti religiosi romani.

Uno dei presenti, comprensibilmente, fece il suo nome come possibile giornalista, ma aveva tutta l'aria di essere una scelta di comodo.

«Non contesto la competenza di Negro, che è fuori discussione» intervenni, «ma se il Papa sceglie di parlare a un giornale laico, è bene che vada fino in fondo e si lasci intervistare da un giornalista altrettanto laico. Che senso ha scegliere un giornalista notoriamente vicino a noi? Sembrerebbe una cosa combinata a tavolino!»

Quando mi chiesero chi altro avrebbe potuto firmare il pezzo, risposi senza pensarci troppo.

«Montanelli. Se c'è uno che sa fare un medaglione, quello è lui.»

Non pronunciai il suo nome per amor di polemica, ma ovviamente sapevo che avrei suscitato qualche malcontento. Tuttavia, se qualcuno in Vaticano non apprezzò quella scelta, le cose in via Solferino andarono molto peggio. Mi raccontarono, infatti, che quando alla redazione del «Corriere» giunse la voce che la firma richiesta era quella di Montanelli, l'allora direttore Mario Missiroli corse per i corridoi gridando scandalizzato: «Un miscredente! Vogliono che mandiamo un anticlericale dal Papa!».

Quel pericoloso anticlericale arrivò in Vaticano la domenica delle Palme. Erano le otto di mattina e Montanelli aveva l'aria di un ragazzo intimorito. Era pieno di dubbi e cominciò col chiedermi come avrebbe dovuto comportarsi dinanzi al Papa.

«Mi perdoni, come lo devo chiamare?» fece, imbarazzato.

«Come preferisce lei, non si preoccupi» lo rassicurai.

«Mi devo inginocchiare...?» insisteva, sempre più preoccupato.

«Non ce n'è bisogno, il Papa non è solito fare richieste simili» dissi per tranquillizzarlo.

Lo accompagnai nello studiolo, dove il Santo Padre lo attendeva seduto in poltrona e li lasciai soli. Parlarono per un'ora, ripercorrendo le tappe della carriera ecclesiastica del Papa, dedicando particolare attenzione alle sue tante e lunghe esperienze all'estero. Il risultato di quella serena conversazione fu un bellissimo articolo che sarebbe uscito sulla terza pagina del «Corriere» il 29 marzo del 1959. Ebbi il privilegio di leggerlo in anteprima poiché lo stesso Montanelli ebbe la gentilezza di sottopormene il manoscritto per ottenere la nostra approvazione.

Mi sembrò un gesto da galantuomo: non si trattava di un atto dovuto né di un passaggio necessario. Del resto, se non avessi avuto fiducia nella sua onestà intellettuale non l'avrei certo segnalato per realizzare quell'articolo. Mi limitai a qualche osservazione a matita. Montanelli non aveva grande dimestichezza con le gerarchie ecclesiastiche e aveva semplicemente sbagliato nel riportare qualche dettaglio di secondo piano: l'incarico di «nunzio apostolico» era stato confuso con quello di «visitatore» e poco altro.

Montanelli fu così corretto che non solo sistemò quelle piccole sviste, ma ci tenne a ringraziarmi per la mia collaborazione. Quell'uomo, considerato un irriducibile mangiapreti, si era dimostrato non solo, come è ben noto, un giornalista di pregio, ma soprattutto una persona di grande rispetto.

Per questo mi dispiacque molto vederlo, di lì a poco, coinvolto in un falso scandalo giornalistico di cui fu involontario protagonista. Eravamo nel 1962 e la curia romana, per frenare i primi entusiasmi del Concilio Vaticano II, scelse il compleanno del Papa, il 25 novembre, per far filtrare sul «Corriere della Sera», proprio grazie a un articolo di Montanelli, delle indiscrezioni a proposito di presunti documenti che avrebbero comprovato dei rapporti fra il giovane Roncalli e l'ala modernista della Chiesa, all'epoca sanzionata dal Sant'Uffizio. Quel giorno, per la prima volta, mi sentii in dovere di chiamare la redazione romana del «Corriere». Non volevo una rettifica né delle scuse, ma ci tenevo che sapessero che avevano preso una cantonata.

E anche quella volta Montanelli non si smentì. Ammise con la sua proverbiale schiettezza di essere stato «imbeccato da un cardinale» e, negli anni successivi, colse ogni occasione per recuperare un rapporto cordiale con il sottoscritto.

Episodi come questi fanno riflettere sul fatto che aprirsi al dialogo voglia dire necessariamente abbassare le difese: un rischio per molti inaccettabile. E invece è proprio quel rischio che alimenta le possibilità della pace universale, della fratellanza fra gli uomini.

Le numerose udienze che Papa Giovanni concedeva, soprattutto quelle tanto criticate come quella della figlia di Krusciov e suo marito, erano sintomo del suo desiderio di far passare l'idea che il Vaticano non fosse una cittadella impenetrabile. Lui stesso usciva dal Vaticano ogni volta che se ne presentava l'occasione. Lo fece sin da subito, il 21 novembre del 1958, quando, per mitigare la nostalgia dell'annuale celebrazione veneziana della Madonna della Salute, volle recarsi a Castel Gandolfo. Là si soffermò in preghiera nella camera dove il 9 ottobre era morto il suo predecessore.

Sulle successive e frequenti uscite s'è favoleggiato

ampiamente. Il Papa che rompeva l'isolamento del passato scatenò la fantasia dei cronisti, che spesso offrirono racconti poco plausibili se non devianti. Niente gli era più alieno che la ricerca del favore popolare ed era ben consapevole di quanto fosse volubile il giudizio della gente. Come scrisse a Natale del 1958: «Finora dura l'osanna, ma mi tengo pronto al *crucifige*».

Le peregrinazioni in città e nei dintorni, ideate e preparate con calma, venivano attuate dopo averne preavvisati gli uffici di vigilanza del Vaticano e dello Stato italiano, sia per doverosa delicatezza, sia per motivi di traffico. L'improvvisata era solo per la folla delle strade.

Non amava vivere in ritiro, ma questo non vuol dire che fosse ossessionato dal contatto con gli altri o che inseguisse disperatamente il consenso della curia o del popolo. Eppure ottenne l'appoggio di entrambi. Mentre crescevano gli impegni e gli orizzonti, allargandosi, presentavano situazioni sconcertanti, egli rimaneva sereno, perché sentiva che l'episcopato e la curia, fatta eccezione di qualche spirito bizzarro, apprezzavano il suo stile pastorale e condividevano le sue ansie e i suoi propositi. Egli poteva così inoltrarsi nei solchi del servizio, sentendo alleggerito il peso della quotidiana fatica dal sostegno di collaboratori saggi e fedeli.

Ciononostante, a un mese esatto dall'elezione, passeggiando nei Giardini Vaticani, se ne uscì con questa confidenza, che rivelava la sua immacolata disponibilità: «Se una commissione di cardinali venisse a dirmi che, tutto considerato, potrei tornare a Venezia, non mi scomporrei per niente».

«A Venezia non potreste tornare» gli ricordai, «avete già nominato il successore.»

«Be'» ribatté lui sereno, «me ne andrei a Sotto il Monte! Non sarebbe stato un mese vuoto: ho provveduto alla segreteria di Stato e a Venezia, ho annunciato la creazione di ventitré cardinali, ho visitato il Vaticano e il mio seminario romano, preso possesso del Laterano, compiuto qualche visita di cortesia e di carità, sono stato a Castel Gandolfo, ho coperto i posti vuoti, ho rivolto alla cristianità e al mondo parole non inutili.»

Quando faccio silenzio dentro di me e chiudo gli occhi, lo vedo e lo ascolto. Mi piace anche ripensare al suo aspetto così innocente e non privo di humor.

«Io non sono quello che volgarmente si direbbe un bell'uomo» era solito dirmi. «E Dio mi guardi dal trastullarmi con simili bagattelle. Ma il Signore mi ha dato due occhi e un sorriso.»

Se metto da parte ogni altro testo e leggo dentro di me, rivedo quegli occhi e quel sorriso: un incanto. Li rivedo, sovente, nei bimbi o nei malati, in certi giovani sposi, in alcuni vecchi e – come no? – in alcuni anziani preti che sono tutt'uno con la loro tonaca e il loro altare.

Se chiudo porte e finestre e mi ritiro un poco nel tempio delle mie memorie, risento la sua melodiosa voce al telefono, o dopo la messa in cappella, o tra un'udienza e l'altra: «Dobbiamo vederci qualche minuto».

Quali e quanti ricordi risveglia quel suo invito.

In un contesto mondiale segnato da ideologie contrapposte, muri divisori, truppe schierate, diffidenze reciproche, l'11 aprile 1963 Papa Giovanni XXIII, davanti alle telecamere, promulga l'enciclica Pacem in terris. *È indirizzata a tutti gli uomini di buona volontà, poiché «la pace è un bene che interessa tutti indistintamente», come recita testualmente il documento. Tre i piani interconnessi e sviluppati dall'enciclica: i rapporti tra i cittadini e le autorità politiche, i rapporti tra le comunità politiche, i rapporti dei cittadini e delle comunità nazionali con la comunità mondiale.*

Scritta con un linguaggio semplice, diretto, da uomo a uomo, la Pacem in terris *è una lettera aperta al mondo, un appello agli uomini perché si sentano membri di una sola comunità internazionale in cui devono non solo coesistere, ma convivere con amore. Se è vero che questo testo compendia l'insegnamento dei predecessori di Giovanni XXIII, esso contiene forti elementi di novità:*

condanna senza appello di ogni forma di guerra, auspicio di una collaborazione leale tra credenti e non credenti in vista del bene comune, distinzione tra errore ed errante, pronunciamenti chiari su dignità delle donne, condanna di ogni discriminazione, promozione di giustizia sociale e dello sviluppo dei Paesi del Terzo Mondo.

L'enciclica non solo incoraggia con sano ottimismo, ma propone i fondamenti di una nuova cultura di pace e di un nuovo umanesimo solidale, aperto alla trascendenza. Nessuna retorica, ma estremo realismo: ideali sublimi accompagnati da proposte concrete. La pace tra gli uomini esige la verità come fondamento, la giustizia come regola, l'amore come motore, la libertà come clima.

EB

6

Pacem in terris, spirito del tempo

Nel mio ritiro di Sotto il Monte, ai piedi del Colle San Giovanni, trascorrono i giorni come se fossi nel cenacolo con Maria madre del Signore e i suoi discepoli, nella sicura attesa del Risorto e ripercorro mentalmente le stazioni della mia lunga vita.

Sono nato nel corso della Prima guerra mondiale. La prima immagine stampata nella mia fantasia di bimbo treenne è quella di mio padre in grigioverde. Ho ricordi tristi degli anni Venti e dei Trenta, funestati da lotte sociali culminate con la sconfitta della giustizia. Ho percorso gli studi teologici tra la guerra di Abissinia e quella di Spagna. Sono stato ordinato prete alla vigilia della Seconda guerra mondiale. Ne ho conosciuto gli orrori, aggravatisi negli anni fra il 1943 e il 1945. I delitti perpetrati dai negatori di Dio, spregiatori della persona umana, mi fanno vergognare di essere sopravvissuto: la Shoah, i bombardamenti indiscriminati, le infernali rappresaglie... Lo strisciante stillicidio della

Guerra fredda mi ha agghiacciato il cuore. Ho sofferto fino allo sgomento nei giorni delle sanguinose repressioni degli insorti anelanti alla libertà, al di qua e al di là degli oceani: libertà di pensiero, di religione, di associazione. Alcuni nomi sono infissi come spine sul mio corpo: Berlino, Varsavia, Budapest, Praga, Sofia, Zagabria, Kiev, Vilnius, Mosca, Santiago del Cile, Managua, San Salvador, Sarajevo, Mogadiscio. Ho accompagnato con strazio il lento decorso delle guerre di Corea e del Vietnam, i conflitti India-Pakistan, i conflitti in Israele, Palestina, Libano, Cipro, Corno d'Africa, Afghanistan, Irlanda del Nord, Iraq, Cecenia, Bosnia, Algeria. Ho sofferto la notte di tenebre calata sui popoli d'Africa non appena approdati all'indipendenza politica, dopo secoli di schiavitù, oppressione, sfruttamento. Sentito il razzismo e l'apartheid come la peste, come la lebbra.

M'è sembrata vittoria di tutto il genere umano quando, negli anni Sessanta, Giovanni XXIII, l'antico padre nutrito col messaggio cristiano e col sudato pane della tradizione contadina, innalzò sopra le contese internazionali il vessillo dell'enciclica *Pacem in terris*: voce di uomo sapiente, carico di anni e di esperienza, voce non di europeo, non di occidentale, bensì di cittadino del mondo. Voce che sollecita tuttora i propri simili a inoltrarsi finalmente sulla strada dell'autentica *metànoia* dell'imperativo evangelico, ossia quella di una vera e profonda conversione spirituale, intellettuale e morale: «Amatevi gli uni gli altri, come io ho amato voi». Voce di fratello di quanti hanno fatto della pace il *leitmotiv* di servizio e di testimonianza, decisi più che mai a costruirla e consolidarla, convinti che gli esseri umani, dotati di intelligenza, carichi di amore, possono e debbono risolvere ogni contrasto al tavolo delle trattative. Agli uomini e donne presenti nelle istituzioni culturali, religiose e politiche con «la competenza scientifica, la capacità tecnica, l'esperienza professionale», la *Pacem in terris* ricorda che queste qualità, «se sono necessarie, non sono però sufficienti per ricomporre i rapporti della convivenza in un ordine genuinamente umano; e cioè in un ordine il cui fondamento è la verità, misura e obiettivo la giustizia, forza propulsiva l'amore, metodo di attuazione la libertà». E perché ciò sia possibile, uomini e donne devono svolgere «quelle attività nell'ambito dell'ordine morale; e quindi come esercizio o rivendicazione di un diritto, come adempimento di un dovere e prestazione di un servizio».

Siamo oggi sull'orlo del precipizio? Lo fummo di certo durante la Guerra fredda, quando per troppo tempo sprecammo le nostre parole, le nostre opere e le nostre vite *contro* qualcuno. Non mi pare che Gesù Cristo sia venuto fra di noi per andare *contro* qualcuno, ma per camminare *incontro* a tutti. Con la memoria torno a un episodio precedente alla *Pacem in terris*, ma che in fin dei conti già ne anticipa un po' lo spirito e il contenuto.

Era il 1958, una settimana prima della Pentecoste. In quei giorni si teneva la Conferenza episcopale triveneta. Roncalli sarebbe stato eletto Papa di lì a poco, ma in quel periodo era ancora patriarca di Venezia. All'ordine del giorno, fra le altre cose, c'erano due punti chiave per l'ammodernamento della Chiesa: il primo, se vogliamo, più di forma, il secondo, invece, decisamente di sostanza.

Il primo punto riguardava l'introduzione del clergyman, un tema che oggi diamo per scontato, ma che allora incontrava qualche resistenza. Roncalli aveva viaggiato molto e aveva vissuto al fianco di culture e religioni diverse, e sapeva bene che il clergyman non presentava nessun inconveniente, e come lui la pensavano i vertici di altre diocesi del Triveneto come Gorizia, Trieste, Trento eccetera. Tuttavia, a causa delle rimostranze delle fasce più conservatrici del clero, il provvedimento non passò.

Il secondo punto era decisamente più scottante. L'episcopato del Triveneto aveva dato disposizione di non portare la benedizione nelle case dei comunisti militanti. Per quanto oggi possa sembrarci una posizione fuori dal tempo, allora si trattava di un modo di vedere molto diffuso. Proprio in quell'occasione un vescovo si era addirittura lanciato in un'accusa furente: «I comunisti devono sentire gravare su di loro la condanna della Chiesa!».

Roncalli comprendeva la delicatezza della questione, ma non voleva lasciare nulla di intentato. Rispose allora mitemente a quel vescovo.

«Mettiamo che in quella casa a cui noi vorremmo negare la benedizione ci siano un'anziana mamma, una nonna, dei bambini... Non stiamo portando loro un sacramento, ma una semplice benedizione, ossia un augurio di felicità, di prosperità, di buona salute. Non vedo perché dovremmo negarglielo.»

Ma le umane e ragionevoli parole del patriarca non ebbero effetto. Anche su questo punto, infatti, prevalse una linea di chiusura e la conferenza appoggiò quella severa ordinanza.

La storia di quel giorno, però, ebbe un epilogo inatteso. Pochi mesi dopo, infatti, Roncalli venne eletto Papa e io fui raggiunto in Vaticano dal segretario della Conferenza episcopale triveneta per sistemare le ultime pratiche lasciate in sospeso. Fra queste c'era anche il verbale di quel recente incontro.

«Don Loris» mi disse il segretario, con aria accomodante, «naturalmente dal verbale abbiamo eliminato quei due "no" al clergyman e alla benedizione per le case dei comunisti...»

«Perché?» chiesi io incredulo.

«Be'» rispose lui, un po' imbarazzato, «non vogliamo mica mettere per iscritto che abbiamo avversato il futuro Papa!»

La richiesta del segretario mi sembrava un po' azzardata, ma per rispetto non mancai di riferirla al

Santo Padre. La sua risposta, naturalmente, non fu positiva.

«Perché dovremmo cambiare i fatti? Se mesi fa quei vescovi hanno in tutta sincerità deciso di esprimere un'opinione diversa dalla mia, non vedo perché oggi dovrebbero rimangiarsela. Il risultato di quel voto l'ho accettato con umiltà allora e continuo ad accettarlo anche oggi.»

Il profondo rispetto delle differenze che Papa Giovanni aveva maturato nei suoi lunghi anni all'estero lo portava a comprendere un elemento chiave del dialogo fra culture che in molti, ancora oggi, continuano a trascurare. I modelli di vita che si sono formati in millenni di storia ed evoluzione del pensiero hanno preso pieghe diverse nei vari angoli del mondo, e perfino all'interno di una stessa società convivranno sempre, più o meno pacificamente, idee e posizioni apparentemente irriducibili. Pertanto non è concepibile che il cambiamento possa essere imposto dall'alto, per volere di un uomo solo. Il cammino verso il bene comune passa attraverso il dialogo delle genti e non dal soliloquio di un capo.

Ma se è vero che Papa Giovanni era ben disposto ad affrontare con umiltà le inevitabili difficoltà del confronto, bisogna anche dire che spesso fu costretto ad assistere a dimostrazioni di gratuita ostilità. Ogni sua parola di fratellanza rivolta ai tanto temuti socialisti e comunisti veniva maliziosamente interpretata come un'apertura a sinistra o, peggio ancora, additata con livore come una concessione ai miscredenti. Se solo questi critici e dietrologi sapessero quanto poco Papa Giovanni masticasse il loro linguaggio, se solo riuscissero a capire il senso profondo delle parole e dei pensieri che egli rivolgeva a quelli che all'epoca erano considerati la più grande minaccia per l'Occidente e per la Chiesa!

Ieri i nemici erano la Russia e il comunismo, oggi alimentiamo il fuoco del conflitto contro l'Islam e i Paesi arabi. Ogni giorno sprecato ad aizzare queste fiamme è un giorno in più vissuto nell'oscurità.

Rifletto spesso su quel che ci separa da chi pensa e vive in modo diverso da noi, e inevitabilmente la memoria torna alla capacità di Papa Giovanni di rivolgersi a chi, sulla carta, era considerato suo oppositore, suo antagonista. Penso ai suoi tanti anni di servizio pastorale in Bulgaria e in Turchia, patrie così diverse dalla sua ma nelle quali mai smise di cercare il dialogo e il confronto. E lo fece sempre con profondo rispetto, sempre con il piglio di chi ti parla non per sentire il suono della propria voce, ma per porti domande, per cercare con te una risposta.

In quegli anni la tensione con i comunisti era percepibile, soprattutto in alcune zone d'Italia.

In provincia di Mantova, per esempio, tutti i comuni erano guidati dal Pci o dal Psi, fatta eccezione per uno, Bozzolo, il piccolo centro in cui viveva il prete partigiano don Primo Mazzolari. In quell'area ormai i bambini non venivano più battezzati, i matrimoni si celebravano davanti al sindaco e i funerali erano quasi sempre civili. La vita di questo uomo di Chiesa, svoltasi in un contesto così emblematico delle tensioni sociali di quegli anni, è piena di aneddoti che risuonano come insegnamenti.

Una volta don Primo, in occasione della morte di un suo parrocchiano, scrisse una piccola lettera ai familiari del defunto, informandoli che – a loro piacendo – avrebbe voluto passare per una preghiera. I destinatari declinarono l'offerta, ma don Primo non si perse d'animo. Non reagì con parole adirate: per nulla al mondo avrebbe rinunciato al proprio diritto di pregare, ma non per questo desiderava rivendicarlo in modo aggressivo di fronte al dolore di quella famiglia. L'indomani, il giorno dei funerali, si accodò al corteo funebre come un passante qualsiasi, vestito della sua tonaca e stringendo un rosario fra le mani. È questo il modo di avvicinarsi a quelli che chiamiamo «nemici»: non aggredendoli, ma comprendendo le loro ragioni nel pieno rispetto delle reciproche libertà. Don Primo Mazzolari, come del resto Papa Giovanni, non cercò mai lo scontro e infatti fu accolto con serenità dalla gente che avevamo sempre definito estranea e nemica.

Ma il fatto che Papa Giovanni non conoscesse la lingua dell'aggressione non vuol dire che le sue parole fossero concilianti o indulgenti a oltranza. Sensibile osservatore del suo tempo e sincero interprete di un diffuso bisogno di pace, il Santo Padre inaugurò il suo pontificato rivolgendo questo appello ai capi dei popoli il 29 ottobre del 1958, all'indomani della sua elezione papale.

> I popoli non vi chiedono quei mostruosi ordigni bellici, scoperti nel nostro tempo, che possono causare stragi fratricide e universale eccidio, ma la pace, quella pace in virtù della quale l'umana famiglia può liberamente vivere, fiorire e prosperare; vogliono la giustizia, che finalmente componga i reciproci diritti e doveri delle classi in un'equa soluzione; chiedono tranquillità e concordia, dalle quali soltanto può sorgere vera prosperità.

Quattro anni dopo, sulla soglia del Concilio Vaticano II, il cui inizio egli salutò come «giornata di pace», di nuovo si rivolse ai grandi della terra, con voce di maestro e di pastore, invitandoli a continuare a incontrarsi e a discutere, a tenersi pronti ad affrontare i sacrifici necessari per salvare la pace.

In queste parole – come del resto in tutta l'attività pastorale di Roncalli – già si possono intuire i semi dell'enciclica *Pacem in terris*, sottoscritta dal Papa l'11 aprile del 1963. L'essere stato l'ultimo grande atto pubblico del Pontefice fa sì che questo testo, nella memoria dei più, resti come il testamento di Papa Giovanni. E in effetti è come se in quelle pagine si condensassero le sue preoccupazioni e le sue speranze più irrinunciabili: quelle riguardanti la pace nel mondo.

Cinquantacinque giorni dopo l'enciclica, mentre da piazza San Pietro si diffondevano lenti rintocchi di campana e i mass media commentavano la morte pentecostale del Pontefice, la sua mano, ormai inerte, venne rilevata da Giacomo Manzù, modellata poi sul gesso e tradotta in bronzo. Sul basamento di quella mano, che ora risplende a Ca' Maitino, l'artista bergamasco incise l'iscrizione «*Pacem in terris*», quasi che il Papa si fosse appropriato del testo biblico di Giobbe: «Ecco qui la mia firma, la mia ultima parola» (*Gb* 31,35).

L'enciclica non ha perduto nulla della sua attualità. Essa invita a prestare attenzione al perenne messaggio cristiano e a riflettervi più attentamente. Riporta alla spesso dimenticata sottolineatura evangelica sui «segni dei tempi», poiché Dio parla all'uomo non solo per bocca dei profeti ma anche attraverso i fatti della storia. La pace si fonda sul rispetto del dinamismo delle società moderne e promuove l'uomo. Per questo ogni attività – economica, sociale, politica, culturale e diplomatica – deve essere compiuta senza mai perdere di vista questi presupposti che, a loro volta, si fondano su cinque punti dottrinali: la persona, il disarmo, la non violenza, il dialogo, la speranza.

Oggi questi concetti possono sembrare risaputi, quasi ovvi: tutti ci auguriamo che facciano parte del dna dei nostri uomini politici e che siano alla base di ogni loro scelta nazionale e internazionale. Tuttavia, nel pieno della Guerra fredda, all'ombra della minaccia atomica e dell'insensata corsa agli armamenti, si trattava di contenuti rivoluzionari. Il mondo di allora, dilaniato dalla contrapposizione Nato-Patto di Varsavia, sentiva queste parole per la prima volta e le accolse come un'occasione di rigenerazione.

Richiamando la nona sinfonia di Beethoven, un pubblicista d'allora denominò la *Pacem in terris* «sinfonia della pace». La metafora musicale ha un senso più profondo di quanto non si creda. Infatti, come la sinfonia, l'enciclica ha un tema fondamentale, quattro movimenti e un finale. Il tema torna per nove volte: la pace tra tutti i popoli esige la verità come fondamento, la giustizia come regola, l'amore come motore, la libertà come clima. E questo *leitmotiv* accompagna ciascuna delle quattro parti (o movimenti) che individuano gli elementi costitutivi della società nel suo insieme: la pace nell'armonia tra le persone, tra le persone e le comunità politiche, tra le diverse comunità politiche, tra le persone e le comunità politiche nei confronti dell'intera umanità.

Papa Giovanni soleva ripetere: «Ci sono quelli che amano complicare le cose semplici. Per parte mia, preferisco semplificare le cose complicate». E continua a colpirmi come l'enciclica sia la perfetta dimostrazione di questo suo aforisma. Il documento infatti è semplice, ma non per questo istiga alla semplificazione. Esso non ignora la complessità dei problemi, non minimizza l'ampiezza dello scontro fra i fronti in guerra, non dimentica il peso di un passato di atroci conflitti. Ma al di sopra di quel che è stato e di ciò che divide, mette in luce tutto quello che unisce. Giovanni XXIII aveva manifestato questo suo ideale già nella sua prima enciclica del giugno 1959, *Ad Petri Cathedram*, e lo aveva riproposto la sera dell'11 ottobre 1962, all'apertura del Concilio.

Dalla fine dell'estate del 1962 iniziano a manifestarsi i sintomi di quella malattia che nel giro di qualche mese porterà alla morte Papa Giovanni XXIII. Un consulto medico effettuato alla fine di ottobre desta allarme e seria preoccupazione nei medici che hanno in cura il Papa. Inizialmente si parla di lieve anemia, poi si ammettono i sintomi di una gastropatia. In realtà si tratta di un cancro allo stomaco.

A causa di forti dolori, il Papa deve rimanere a letto per una settimana, dal 26 novembre al 2 dicembre, ma dimostra di voler lottare fino a quando gli sarà possibile. Ripresosi, visita i padri conciliari in procinto di rientrare nelle loro sedi dopo aver concluso i lavori della prima sessione. Il suo volto appare smagrito, segnato; la sua voce più incerta. Però non rallenta il ritmo delle sue giornate, anzi.

In marzo c'è la beatificazione del prete bergamasco Luigi Maria Palazzolo, fondatore delle Suore delle

Poverelle. Papa Giovanni coglie l'occasione per rivedere familiari e concittadini giunti da Sotto il Monte e da Bergamo. In Quaresima continua le visite a vari quartieri romani: Laurentino, Ostiense-Portuense, San Basilio, Quarto Miglio. Sono le sue ultime uscite tra folle schiacciate contro transenne, bambini vocianti, drappi festosi alle finestre di case popolari. Sono gli ultimi discorsi, anche improvvisati.

Settimana Santa 1963. Nonostante le sue condizioni di salute si aggravino, il 10 maggio del 1963, Papa Giovanni si reca prima nella Sala Regia e poi in San Pietro, trasformando la cerimonia del conferimento del premio Balzan in una celebrazione in favore della pace. Il giorno successivo restituisce al Quirinale la visita del presidente Segni. Il 15 maggio scende per l'ultima volta in San Pietro per un'udienza pubblica. Due giorni dopo celebra la sua ultima messa. I dolori si fanno sempre più acuti, ma il 19 maggio riceve ancora il cardinal Wyszynsky, primate polacco, prima che questi ritorni in patria. Questa è anche l'ultima pagina segnata sul suo diario. Papa Giovanni è ormai consapevole di vivere le sue ultime giornate. Domenica 26 maggio, per la prima volta, i fedeli guardano inutilmente alla sua finestra.

EB

7

Due frati

«Se io mi ammalo, devi dirmi la verità» mi disse un giorno l'allora patriarca Roncalli.

Mi aveva fatto depositario del suo testamento, ancora ai tempi di Venezia, e su tutto regnava il vincolo di quel patto: quando fosse giunta la sua ora, non avrei dovuto nascondergli nulla.

Sapevo da tempo della sua malattia, ma lui non mi permise mai di trattarlo con condiscendenza o di reagire con indulgenza a qualsiasi decisione prendesse. Piuttosto preferiva nascondermi, per quanto possibile, alcune scelte che sapeva avrei osteggiato.

Così avvenne, per esempio, per le visite a Loreto e ad Assisi che intraprese il 4 ottobre del 1962, a una settimana dall'inizio del Concilio Vaticano II. Ne aveva parlato solo con il segretario di Stato, pregandolo di non riferirmi la notizia. Naturalmente Tardini era a conoscenza quanto me delle cattive condizioni di salute del Papa e non poté far altro che aggirare la sua richiesta e informarmi.

«Don Loris, il Santo Padre non può affrontare una fatica simile...» mi pregò. «Lo convinca a lasciar perdere...»

Entrai nello studio del Pontefice per discutere con lui di questioni di normale amministrazione, ma Papa Giovanni lesse in filigrana la mia preoccupazione.

«C'è qualcosa che non mi stai dicendo» mi disse scherzoso. «C'è qualcosa in quella testolina? A cosa stai pensando?»

«Niente» risposi, un po' risentito.

«Non è vero e lo sai bene. Dimmi tutto» mi incalzò con affetto.

«Santo Padre» confessai, «devo pensare che lei non si fida di me?»

«E per quale ragione?» mi chiese.

«Lei ha parlato con il segretario di Stato, chiedendogli di non mettermi a parte di una sua certa decisione...» risposi un po' allusivo. Aveva perfettamente colto il riferimento, e infatti rispose paterno, come per rincuorarmi. Lui, anziano e malato, dovette tranquillizzare me.

«Ma no, ma no... Tu e questa preoccupazione della salute...»

«Santità, nelle sue condizioni...» provai a replicare, ma non mi lasciò neanche finire la frase.

«E se anche dovessi morire per la strada? Beati quei sacerdoti che muoiono ai piedi dell'altare.»

Era fatto così, sentirsi oggetto di quelle attenzioni lo metteva a disagio e per questo aveva sempre minimizzato la sua malattia. Anche nelle sue carte, infatti, non appaiono quasi mai accenni alle tante notti insonni a causa dei dolori. Non faceva riferimento a questi episodi neanche durante le prime visite mediche mirate a cui si sottopose, fra la fine del 1961 e la prima metà del 1962.

Ricordo che una volta un dottore gli fece la classica domanda di rito: «Santità, avverte ogni tanto dei fastidi?».

La risposta fu immediata e senza ripensamenti: «Nulla, mai avuto niente in tutta la mia vita».

A quel punto mi sentii costretto a intervenire.

«Santità» mi intromisi, «bisogna ammettere che una volta al mese c'è qualche accenno...»

Ero stato talmente imprudente che non mi lasciò finire.

«Ma vuoi saperlo meglio di me!» esclamò.

Non mi feci distogliere e proseguii: «Be', Santo Padre, lo scrive lei stesso nelle sue agende...».

Davanti all'evidenza dovette confessare, ma era chiaro che lo faceva a malincuore. Non era la sua salute a preoccuparlo, ma il timore che qualcuno considerasse la sua malattia un impedimento alla missione pontificale. Posso testimoniare che il tumore non si rifletté in alcun modo sul suo operato né turbò la sua profonda serenità d'animo: le attività proseguivano senza battute d'arresto e gli uffici svolgevano il proprio lavoro. Del resto, proprio grazie a questa imperturbabilità della macchina vaticana, il male del Papa restò un segreto per molti mesi.

La parola definitiva sulla sua infermità mi era giunta nell'ottobre del 1962. Prima d'allora i pareri dei medici erano stati piuttosto discordanti, ma tutto sommato ottimistici. Il professor Antonio Gasbarrini, che già era stato archiatra di Pio XII, mi disse un giorno: «Capovilla, fidati di me. Sono ulcerazioni, non è un tumore. È una cosa molto comune in persone della sua età, ma il decorso è lungo, si possono contenere e del resto vanno di pari passo con il naturale decadimento del corpo umano».

Doveva aver letto il dubbio sulla mia faccia, perché un attimo dopo riprese.

«Non ti fidi di me?»

«Professore» gli risposi, «si figuri se non sarei felice se le cose stessero come dice lei, ma temo che la questione sia più grave.»

Era da tempo che Papa Giovanni accusava forti dolori e del resto nella sua famiglia c'erano già stati altri casi di tumore allo stomaco: non c'era da essere troppo ottimisti. E la conferma arrivò il 28 ottobre del '62, durante una consultazione con alcuni dei più eminenti luminari italiani. Il Santo Padre li ricevette e chiese loro la più totale franchezza.

«Prima di cominciare a parlare, mettiamo in chiaro una cosa. Il cancro mi ha già portato via tre sorelle e un fratello. Potrebbe capitare anche a me e voi dovete avere il coraggio di dirmi chiaramente di che si tratta, perché se fossi impossibilitato a proseguire nella mia missione, voglio avere il tempo di ritirarmi come si conviene.»

La terribile notizia era nell'aria, ma nessuno dei presenti volle pronunciare quella sentenza definitiva di fronte al Pontefice. Cercavano di tergiversare, di non chiamare le cose con il proprio nome, e quella cortese titubanza fu ancora più pesante di una brutale confessione. Il Papa, tuttavia, capì quello che c'era da capire.

Tramonto del 3 giugno 1963, lunedì di Pentecoste. Nella stanza d'angolo del Palazzo Apostolico, colui che aveva insegnato a ben vivere impartì l'ultima lezione, così importante e decisiva, del bel morire.

Una mia nota di allora, stilata nella solennità dell'Ascensione, attesta che il Padre amatissimo riuscì a togliere alla morte il colore funereo per farne celebrazione di vita:

> Festa solenne. *Regina Caeli* al balcone. Il rosso della mozzetta contrasta con il pallore del volto paterno.

L'applauso della folla lo commuove e gli impedisce di parlare. Nel pomeriggio riceve il cardinale Gustavo Testa che, all'entrare nella stanza, scoppia in pianto: «Caro don Gustavo, bisogna prendere le cose come sono. Abbiamo vissuto a lungo, abbiamo servito la Chiesa e lasciamo un segno del nostro passaggio. Grazie a Dio, ci siamo comportati bene; dunque, non un giorno di più. Se piace al Signore stiamo qui ancora un poco, altrimenti partiamo». Accusa poi dolori lancinanti. Conchiude la giornata col ricordo di Montecassino, dove avrebbe voluto recarsi proprio oggi per la riconsacrazione della Basilica della risorta Abbazia. Prima di congedare i familiari racconta: «La notte scorsa ho detto a fra' Federico: "Mi dispiace non dire messa". E lui: "Ma questo letto è il vostro altare, Santo Padre". Oh, caro fra' Federico! Sulla soglia della mia ordinazione presbitale un laico passionista mi infiammò a generosi propositi con la sola sua austera presenza; al termine della mia vita, un altro laico mi trasmette la parola che attendevo dal Signore. Proprio così: *Questo letto è un altare. L'altare vuole la vittima. Eccomi pronto. Non ho paura di partire, fosse pure stanotte, festa dell'Ascensione*».

Nell'ora del congedo, Giovanni XXIII fa coincidere due momenti di grazia, ispiratigli proprio da due laici, due frati che in modo così forte avevano segnato la sua esistenza. Il primo è lontano, risale al 1904, ai suoi esercizi spirituali al Celio, sullo sfondo dell'Urbe. Sono i primi giorni di agosto e il giovane Roncalli, che di lì a poco verrà ordinato prete, fissa le sue impressioni nel *Giornale dell'Anima*. Un uomo in particolare, a poche ore dalla sua ordinazione, lo sprona ad abbracciare l'ideale di santità. Non è un teologo in vista o un Padre della Chiesa, ma è quel semplice laico passionista che in punto di morte Papa Giovanni XXIII aveva ricordato ai suoi cari: fra' Tommaso della Passione.

> Il laico che mi pulisce la camera, mi serve la tavola, il buon fratel Tommaso mi fa meditare assai. È adulto piuttosto che giovane, di maniere gentilissime, alto nella persona, avvolto in quell'abito nero lunghissimo, che egli non nomina mai senza chiamar santo. Allegro sempre, non parla che di Dio e dell'amore divino; non alza mai gli occhi in faccia a veruno: in chiesa, davanti al Ss. Sacramento, sta prostrato sul nudo pavimento, immobile come una statua. Venne dalla Spagna sino a Roma per farsi passionista, e vive beato, facendo il servitore di tutti, semplice come una creatura senza ideali attraenti, senza miraggi brillanti, povero frate laico per tutta la vita. Oh, davanti alla virtù di fratel Tommaso io sono davvero niente, io dovrei baciare il lembo del suo saio e mettermi ad ascoltarlo come maestro! Eppure io sono quasi sacerdote, ricolmo di tante grazie! Dov'è finito il mio spirito di penitenza, di umiltà; la mia modestia, il mio spirito di orazione, la mia vera sapienza? Ah, fra' Tommaso, fra' Tommaso, quante cose m'insegni!

> Quanti poveri fraticelli laici, quanti sconosciuti religiosi risplenderanno di gloria un giorno, nel regno di Dio! Ed io perché non otterrò altrettanto? O Gesù, infondetemi spirito di penitenza, di sacrificio, di mortificazione.

Agli albori e al tramonto del suo servizio sacerdotale, il Papa ebbe al suo fianco due Angeli, due sicuri interpreti della volontà di Dio, due poverelli che alla cultura avevano anteposto – come dice il Salmo 90 – la «sapienza del cuore».

Fra' Tommaso della Passione aveva trentacinque anni quando il ventitreenne Roncalli si preparava al sacerdozio. Nato ad Arnioza, in Spagna, nel 1869, era entrato nella Congregazione della Passione di Nostro Signore. La sua pazienza e la sua carità furono esemplari, al punto che negli ultimi vent'anni della sua vita non chiese né mai accettò abiti o mantelli nuovi. Le impressioni suscitate dall'incontro con un uomo come fra' Tommaso non abbandonarono mai il giovane Roncalli e si riverberarono lungo tutta la sua missione pastorale. Ma il ricordo di quel fraticello che il Papa rievocò in punto di morte fu innescato dalle parole del secondo Angelo al suo capezzale, quel fra' Federico che gli aveva ricordato come quel letto fosse il suo altare.

Fra' Federico Belotti, dell'Ordine di Sant'Agostino, era addetto alla sagrestia papale e aveva avuto il privilegio di servire Pio XI, Pio XII. Dopo Giovanni

XXIII, anche Paolo VI si avvalse della sua assistenza. Lo conobbi durante il conclave del 1958 e all'indomani dell'elezione di Papa Giovanni avviai con lui un sodalizio fraterno.

Ogni mattina egli saliva nella cappella domestica del Pontefice. Mansueto e sereno, devoto e cordiale: mai una parola fuori posto, non una curiosità, una richiesta inopportuna. In cinque anni non notai un solo difetto nel suo diligente servizio. Accettava i frequenti segni di benevolenza del Papa, ma li teneva per sé e non ne parlava con nessuno. Trascorse il mese di maggio 1963 nell'appartamento papale fino al luminoso tramonto del 3 giugno. Nelle lunghe notti gli toccò più di una volta di leggere al Papa pagine e pagine dal *Fuoco d'amore*, l'opera di fra' Tommaso da Olera, un laico cappuccino di umilissime origini nato nel tardo Cinquecento in una frazioncina nei dintorni di Bergamo.

La vita pastorale del giovane Roncalli si era inaugurata nel 1904, illuminata dall'esempio di un umile frate venuto dalla Spagna, e adesso andava chiudendosi, cinquantanove anni dopo, scaldata dalle parole di un altro frate vissuto secoli addietro, parole lette da un altro frate ancora, fedele fino all'ultimo. Fra' Tommaso della Passione, fra' Tommaso da Olera e fra' Federico Belotti fecero da corona a Papa Giovanni nelle ore della sua agonia.

Mi rivedo accanto a Papa Giovanni il 31 maggio 1963, mentre si avvicinava l'ora del suo commiato. Un addio che per me fu doloroso e straziante, ma che egli seppe invece affrontare con pontificale solennità, preparato com'era ad andare a Dio sereno e tranquillo, al pari di quei patriarchi, giudici e profeti – magnificati nel libro del Siracide – che chiudevano e aprivano un'epoca:

> [U]omini pii
> la cui pietà non cessa;
> il loro bene si conserva con la progenie
> e la loro eredità con i figli;
> sui patti si mantiene la loro discendenza,
> e i figli per loro riguardo;
> la memoria di essi rimarrà per sempre
> e la loro giustizia non andrà perduta.

Di quel momento, carico di luce e di grazia, voglio trasmettere un triplice auspicio, così come lo udii dalla sua voce, spoglio di drammaticità e di enfasi, penetrante nell'intimo e incoraggiante: «Dovrete lavorare ancora molto per la Chiesa. Io vi proteggerò sempre. Abbiamo tanti amici, ne avremo più ancora». A ripetere in queste pagine tali parole di paterno incitamento e di speranza fiduciosa, mi sento commosso e intenerito. E quasi mi pare che il Signore mi abbia fatto leggere in anticipo – con gli occhi stessi di Papa Giovanni – una pagina della mia piccola storia.

Nell'ottobre 1963 il cardinale belga Suenens tiene nella basilica di San Pietro, su richiesta di Paolo VI, una commemorazione di Giovanni XXIII. In questa occasione il porporato belga, pur non parlando apertamente a favore della canonizzazione di Papa Roncalli, lo descrive con i tratti della santità, come un uomo «straordinariamente naturale e soprannaturale al tempo stesso», che «viveva in presenza di Dio con la semplicità dell'uomo che cammina per le strade della città natale».

In una seduta conciliare, monsignor Bohdan Bejze, vescovo polacco, è il primo a chiedere pubblicamente che si proceda in tempi rapidi alla beatificazione di Giovanni XXIII. La sua mozione incontra l'appoggio convinto di un altro vescovo polacco, Karol Wojtyla. Anche monsignor Bettazzi, allora giovane vescovo ausiliare di Bologna, la condivide, sostenendo l'ipotesi di una canonizzazione per acclamazione, procedura non consueta, ma già conosciuta nei primi secoli del cristianesimo.

Papa Paolo VI fa sapere di preferire l'iter tradizionale, forse temendo che la canonizzazione di Papa Roncalli finisca per essere oggetto di strumentalizzazioni. Così nel 1965 si apre ufficialmente la causa. Dal 1966 alla conclusione della fase processuale vengono raccolte più di trecento testimonianze nel corso di diciotto processi informativi.

Per la beatificazione è necessario un miracolo e nel caso del Pontefice bergamasco viene ritenuta miracolosa la guarigione improvvisa, avvenuta a Napoli il 25 maggio 1966, di suor Caterina Capitani, delle Figlie della Carità, affetta da una gastrite ulcerosa emorragica gravissima, che le ha perforato lo stomaco riducendola in fin di vita. La suora, dopo aver pregato Papa Giovanni XXIII *insieme alle consorelle, in una visione lo scorge mentre la rassicura; a seguito di tale evento straordinario riacquista immediatamente la salute ed è subito in grado di alzarsi e di mangiare.*

La guarigione viene dichiarata scientificamente inspiegabile e il 3 settembre 2000, in piazza San Pietro, Papa Wojtyla proclama solennemente beato Papa Giovanni XXIII.

EB

8

Un beato fra noi

Non si era ancora finito di piangerne la morte, che già in tanti chiedevano di rendere eterno onore alla memoria di Giovanni XXIII. La voce della richiesta di beatificazione, ripresa sempre più spesso a pochi mesi dalla dipartita, si era fatta un grido: un Papa così benvoluto dai fedeli di tutto il mondo, entrato nell'immaginario di generazioni per la sua mitezza e la sua cordialità, non poteva che raccogliere attorno a sé un simile entusiasmo. La fretta, però, in particolare su questioni delicate come questa, non è mai una buona consigliera e il successore di Papa Giovanni, Paolo VI, fece il possibile per trattare la questione con la serietà e la misura necessarie. Senza farsi prendere dalle pressioni di molti, Papa Montini decise di seguire l'iter canonico e di investire tutte le energie e il tempo necessari: la beatificazione non è un percorso da affrontare a cuor leggero, non deve rispondere a interessi politici o d'immagine né può subire accelerazioni per riguardo al pur genuino entusiasmo dei devoti.

Il processo, quindi, fece il suo lungo e meditato cammino, passando in rassegna con puntualità estrema la vita e le opere di Giovanni XXIII, fino a prendere in esame il punto dirimente, quello delle esperienze miracolose. La storia dell'improvvisa quanto inspiegabile guarigione di suor Caterina Capitani fu la prova definitiva e il percorso trovò il suo felice compimento: senza precipitazione o irrequietezza, ma a quasi quarant'anni dalla morte di Papa Giovanni, nel settembre del 2000.

La beatitudine però non lo ha allontanato dal mio ricordo, non l'ha reso più etereo e irraggiungibile. Tutt'altro. Nella mia memoria, come nei pensieri che quotidianamente gli rivolgo, Papa Giovanni è ancora vivo e vicino, tangibile e intenso come il suo insegnamento. Tenere viva questa prossimità alla sua persona e alle sue parole è una sfida, un impegno che mi spinge a far di me stesso un cristiano migliore.

Per questo oggi mi rivolgo a lei, Santo Padre, come se le fossi ancora al fianco e le potessi parlare. Come se le pagine di questo libro fossero una lunga e inesausta lettera di confessioni.

Beato Papa Giovanni, torno con la memoria alle tante nostre conversazioni. Ce ne volle perché riuscissi ad ascoltarvi nel profondo, ad aprirvi il mio intimo con tutte le mie incertezze e asperità, sempre timoroso di non aver capito, di non saper condividere, di non riuscire a osare la radicalità dell'avventura evangelica. Voi avevate il passo ben più lungo del mio.

Ricordo quel mercoledì primaverile quando, accostandomi al vostro tavolo di lavoro, interrompeste la salmodia del giorno per confidarmi: «Non so cosa mi accada. Son sessant'anni che recito questi salmi; sessant'anni che nel ciclo settimanale mi imbatto nel salmo 131, e quest'oggi mi è sembrato di scorrerlo e gustarlo per la prima volta».

> Orgoglio non gonfia il mio cuore,
> superbia non turba il mio sguardo,
> non vado in cerca di gloria,
> di grandi imprese, Signore.
> Tranquillo e sereno mi sento,
> un bimbo in braccio a sua madre,
> un bimbo svezzato è il mio cuore:
> in Dio speri sempre Israele!

«È lo specchio del mio animo» concludeste. «Mi vedo tal quale al cospetto del Signore: *un bimbo in braccio a sua madre.*»

Qualcosa di simile accade a me nei vostri confronti. Ho letto più volte i manoscritti, le bozze e infine il testo stampato del vostro *Giornale dell'Anima*, documento essenziale per conoscervi e valutarvi per quello che foste: come uomo, come sacerdote, come pastore. Ma le ripetute letture non hanno cancellato lo stupore della prima volta, e ancora oggi mi sorprendo a ritrovare in quelle stesse pagine altre scoperte, nuove luci. E mi sento travolto da un'onda di tenerezza e simpatia.

Beatissimo Padre, ho ripercorso lentamente il breve tragitto che va da Santa Maria di Brusicco, dove foste battezzato, alla Cascina Palazzo che vi dette i natali.

Adesso son qui, nel cortile antistante le camere abitate dai vostri genitori. Il tempo sembra essersi fermato: stesse mura sconnesse e sbrecciate, la rozza scala di legno screpolato. Stesse porte che immettono all'antica cucina, alle camere da letto, alla legnaia, alla stalla, alla cantina. Al centro del cortile, al posto dell'antico gelso, un giovane tiglio, ritenuto simbolo di amicizia, i cui fiori hanno virtù dolcificanti. Come eravate voi, Santo Padre, amico di tutti, capace di rendere dolci le acque più amare.

Al compiersi del vostro dodicesimo anno di età, i vostri familiari trasmigrarono da qui all'adiacente Cascina Colombera, una ventina di metri al di là della strada poderale. Al Palazzo restarono i vostri cugini e col passare degli anni vi si alternarono altre famiglie di affittuari e braccianti.

Parlavate spesso di questa dimora. Vi avete appreso l'arte della preghiera, dell'obbedienza, del lavoro. Se tendiamo l'orecchio in essa risuona ancora la voce di mamma Marianna all'*Angelus* del mattino e quella del prozio Zaverio al rosario serale.

Al primo svegliarvi, ogni mattina vedevate Zaverio ginocchioni in meditazione. Talvolta scorgevate vostro padre appoggiato al ballatoio, mentre additava a vostra madre i campi in fiore, sicurezza del pane quotidiano per la numerosa famiglia.

Siete più tornato in questi luoghi? Certo che sì, da prete, da vescovo e da cardinale. Forse, col pensiero, la notte stessa della vostra assunzione al papato avete fatto un giro per queste antiche stanze.

Ricordo ancora quel 28 ottobre, attimo per attimo. Era un martedì e alle 17 la fumata bianca diede la certezza dell'avvenuta elezione. Alle 18.05 il cardinale Nicola Canali declamò il *gaudium magnum*: «Abbiamo il Papa. È il signor Cardinale patriarca di Venezia Angelo Giuseppe Roncalli che ha assunto il nome di Giovanni XXIII». Poco dopo, dalla loggia centrale della Basilica Vaticana impartiste la benedizione a Roma e al mondo. Subito fu chiaro che eravate un maestro, ma «*le maître qu'on n'attendait pas*», il maestro inatteso. Nella Sala dei Paramenti vi incontraste con i componenti della vostra segreteria di Stato e con i conclavisti. Alle 19, in una stanza dell'appartamento del segretario di Stato, celebraste con calma vespro, compieta e rosario. Mi dettaste alcuni messaggi personali: ai romani, ai bergamaschi, ai veneziani, ai Roncalli e ai vostri concittadini di Sotto il Monte. Con monsignor Angelo Dell'Acqua e il latinista monsignor Giuseppe Del Ton preparaste il radiomessaggio per il giorno seguente. Alle 20, piccola cena tutto solo, quasi silenzioso. Rivedo il bravo commendator Pio Manzia, maestro di casa, che alla fine vi porse un sorso di spumante e chiese in dono la bottiglia da consumare con i suoi colleghi d'ufficio. Alle 21 chiamaste monsignor Domenico Tardini, confermato all'istante segretario di Stato, e con lui accennaste subito alla successione di Venezia.

«Buonanotte, Santo Padre» vi dissi con timidezza. Mi rispondeste con un tocco di indescrivibile bontà che custodisco nell'animo come perla preziosa.

Rimasi come trasecolato al di qua della porta e non riuscivo a risolvermi a chiudere la giornata, tutto preso da gravi pensieri e indicibili sensazioni.

Qui, anche nel mio ricordo, la cronaca di quelle ore cede il passo alla leggenda. Riflettendo sulla rivelazione di santa Veronica Giuliani, la quale asserì che, quando un cardinale viene eletto Papa, Iddio gli assegna dodici angeli custodi, immaginai (o sognai?) che questi alati messaggeri quella sera dell'elezione vi sollevassero sui cieli d'Italia, sino alla cascina dei vostri avi, mentre nelle famiglie e nelle comunità di ogni fede, nelle redazioni dei giornali e nelle cancellerie dei grandi della terra si commentava l'elezione del duecentosessantunesimo successore di Pietro.

Beatissimo Padre, siete salito al soglio pontificio nell'ora di grandi sfide lanciate dal mondo alla Chiesa di Cristo e, al contempo, in un'epoca di accese speranze coltivate nei cenacoli dell'interiorità e della preghiera, dell'umiltà e dell'immolazione.

Anziano ottantenne non vi siete sottratto al rischio del dialogo e del confronto. Vi hanno chiamato «Papa buono», «Papa della bontà». Eravate buono, è vero, ma non per questo arrendevole o debole. La bontà in voi si coniugava con decisa professione di fede, rispetto della grande tradizione, fiducia di poter attrarre le anime al territorio di Dio.

Quanto vi feriva, fin dalla giovinezza, l'insinuazione di alcuni che ci fosse in voi la tendenza al quieto vivere, al compromesso tattico, ad accomodanti concordati. A ben riflettere, la bontà s'appaia quasi sempre col sacrificio di chi si rende capace, per la grazia di Dio, di rinunciare totalmente a se stesso, di mettersi al servizio degli altri, di coltivare ideali che si identificano con il regno dei cieli. E tutti questi propositi voi li avevate richiamati fin dall'inizio del vostro episcopato, quando nel vostro *Giornale dell'Anima* appuntaste: «In tutto grande bontà, pazienza senza confini, ricordando che ogni altro sentimento non è conforme allo spirito del Vangelo e della perfezione evangelica. Pur di far trionfare la carità a tutti i costi preferisco essere tenuto per un *dappoco*. Mi lascerò schiacciare, ma voglio essere paziente e buono fino all'eroismo».

E purtroppo in molti credettero di intravedere dietro la vostra bontà una scarsa preparazione, una carente formazione culturale. Erano giudizi affrettati e infondati, e il modo migliore per rispondere a quegli errori di valutazione è tornare con la memoria a una serie di penetranti considerazioni che a proposito di voi scrisse nel 1965 il cardinale Giacomo Lercaro nel suo *Giovanni XXIII. Linee per una ricerca storica.*

> Nonostante le apparenze più superficiali e nonostante il giudizio dato da tanti che non lo hanno capito, egli già prima di essere Papa aveva accumulato una preparazione eccezionale, se non per estensione almeno per intensità, se non per lustro esterno almeno per le doti di sodezza, di armonia, di lucidità e di forza sintetica, che costituiscono il privilegio di una cultura autentica, non libresca, non intellettualistica, ma vitale. [Ed] è possibile – anzi accade molto spesso – che un creatore di cultura appaia senza cultura specialmente per i più provveduti consumatori di cultura. Eppure nessuno può essere creatore di cultura per pura ispirazione dell'Alto e senza essere arrivato anche, almeno col suo sforzo, ad una assimilazione essenziale e profondissima degli elementi vitali di una grande tradizione culturale. [Sono] creatori gli uomini che per essere risaliti nel passato fino a raggiungere le sorgenti nel loro zampillo più misterioso e più vivo, possono percorrere con un grande balzo il futuro; gli uomini insomma la cui cultura tutta essenzializzata non ha più tempo e se mai è soprattutto cultura del futuro. [...] È possibile che la cultura [di questi] arrivi a un tale grado di essenzialità

da non rivelarsi che a coloro che sono in qualche modo sintonizzati e capaci di una conoscenza per connaturalità: molto spesso l'uomo che è pervenuto a questo grado si fa creatore di cultura, senza che molti contemporanei se ne accorgano e quasi senza accorgersene lui stesso, perché la sua cultura è così limpida e pura ripresa della tradizione creatrice che ignora se stessa, è incapace di qualunque ripiegamento riflesso. [...] Se così stavano le cose, si può capire molto bene come la cultura biblica e patristica e umana, troppo essenziale e potenzialmente creatrice di Angelo Roncalli non potesse essere presentita affatto – dagli uomini troppo sicuri di sé, dei manuali e della *routine* scolastica, o troppo moderni e problematici, della saggistica contemporanea.

E sempre in queste pagine, Lercaro dimostrò di aver intuito quanto poco fondata fosse quella generale impressione di imprevidenza o improvvisazione che ha circondato alcune tra le più rilevanti iniziative e realizzazioni del vostro pontificato:

[Q]uest'uomo, giudicato da alcuni senza grande cultura e senza grande esperienza, dal momento che è divenuto Papa, ha voluto col massimo grado di lucida intenzionalità, farsi davvero Pastore e Dottore universale. [È] possibile ritrovare in moltissimi discorsi di Papa Giovanni, anche sotto le apparenze più elementari, fortissime tesi teologiche e storiche, ed è possibile, attra-

> verso di esse, ricostruire una vasta sintesi, a un tempo semplice e concretissima, più originale, più personale, più «giovannea» di quello che non siano le stesse due maggiori encicliche *Mater et Magistra* e *Pacem in terris*: una sintesi che veramente investe tutta la Chiesa nei suoi aspetti più essenziali, dottrinali e istituzionali, che investe tutta la grande problematica umana del nostro tempo. [V]eramente Papa Giovanni ha fatto questo con un'audacia calcolata, che pur non potendo ovviamente prevedere tutti i dettagli e neppure i contenuti materiali di certi sviluppi futuri, però sostanzialmente coglieva i nodi teologici e storici della situazione ecclesiale e dell'arco del suo pontificato: e allora bisogna ammettere che muoveva, ma anche sulla fondatezza di alcune sue tesi di dottrina e di alcuni suoi giudizi storici come capaci di mediare, sul terreno concreto e istituzionale, i giganteschi problemi che la sua decisione coinvolgeva.

Ma al di là di ogni distinzione, Santo Padre, voi buono lo eravate per davvero e davate l'impressione che la bontà in voi si coniugasse con la libertà e la bellezza. Al solo vedervi, sentirvi parlare, osservare le vostre mani in movimento come fossero intente a falciare il grano, a sgranocchiare pannocchie di granturco, a beneficare e a benedire, tornava in mente l'esortazione di Padre Lacordaire a un ventenne suo amico: «Soprattutto sii buono».

Santo Padre, parlo a voi ma temo di balbettare.

Quasi non ho il coraggio di levare gli occhi, di rivelarvi ciò che mi punge e mi sconcerta, tanto più che sono uomo di poca fede, incapace di mettere il mio io sotto le scarpe.

Vorrei essere stato in grado di far tesoro, non solo sentimentalmente ma esistenzialmente, delle vostre scelte di campo, di valorizzare i meriti del passato, le potenzialità del presente, le speranze dell'avvenire. Speranze fondate non sulla cupidigia, sul favore dei potenti, sulle fallaci elaborazioni statistiche, su pressioni psicologiche, sull'onda di plateali entusiasmi, bensì su una sconfinata fede in Dio.

Papa Giovanni, siete stato grande nell'umiltà e umile nella grandezza. Avete consumato i vostri giorni in ginocchio davanti al Crocifisso, in atto di oblazione di tutto il vostro essere, innamorato di Cristo, devoto alla vergine Madre, amico dell'umanità. Dateci la grazia di arrenderci alla logica del Vangelo, di rinunciare noi per primi alle cose, almeno a qualcosa, per far divampare nel mondo i fuochi dell'amore.

Ca' Maitino, già dimora di Maytinus Roncalli, disceso dalla Valle Imagna nel XV secolo e capostipite della famiglia, è la «vera casa del Papa», come ricordò lo stesso Giovanni XXIII nel 1959. Egli vi risiedeva nel periodo delle vacanze estive, dal 1925 fino al 1958, quando l'ultima famiglia proprietaria – Scotti Guffanti – donò al nuovo Papa le camere da lui abitate. Ora ospita una raccolta museale custodita dalle suore delle Poverelle. È qui che monsignor Loris Francesco Capovilla ha scelto di venire ad abitare dopo che, nel 1988, ha terminato il suo servizio come delegato pontificio al santuario di Loreto, nelle Marche.

EB

Epilogo

In cammino

Ho percorso un lungo e accidentato tragitto prima di giungere a Ca' Maitino, ultima casa della mia vita. Ho incontrato molte persone e ho conversato a lungo con alcune di loro. Ho vissuto eventi più grandi di me. Sono passato accanto a esperienze che mi hanno segnato, anche ferito. Non ho gustato il paradiso della fanciullezza. Di conseguenza, una punta di malinconia, pudicamente nascosta, mi ha accompagnato giorno dopo giorno; talvolta ha turbato i rapporti col mio prossimo, tarpato le ali ai miei slanci. Adesso, nel vespro della mia giornata, come ultimo tra i suoi, amo riascoltare l'interrogativo di Gesù agli apostoli che risuona nel profondo della mia coscienza: «Voi chi dite che io sia?» (*Mt* 16,11). Quei giovani avevano abbandonato tutto per seguirlo. Vivevano con lui in ascolto, desiderosi di assistere, di apprendere. Percorrevano con lui le strade della Palestina animati dalla stessa fede di Abramo, testimoni dei segni che accompagnavano le parole del

Maestro. Pietro ascoltò la domanda e rispose per tutti: «Tu sei il Cristo, il figlio del Dio vivente» (*Mt* 16,16). E lo stesso dice in un'altra occasione, nella sinagoga di Cafarnao, dopo la moltiplicazione dei pani e dei pesci: «Noi abbiamo creduto e conosciuto che tu sei il Santo di Dio» (*Gv* 6,69).

Poco tempo mi separa dal *redde rationem* e io debbo ridurre tutto ai termini più semplici, sbarazzarmi di residua zavorra, patetici diari e album illustrativi, romantiche fantasie e sterili rimpianti. Devo ricondurre tutto all'essenziale e puntare la prora verso il porto.

A ciò mi sollecita Giovanni XXIII in una sua riflessione del 1945, quando aveva sessantaquattro anni, oltre trenta in meno dei miei attuali: «Non debbo nascondere a me stesso la verità: sono incamminato decisamente verso la vecchiaia. Lo spirito reagisce e quasi protesta, sentendomi ancora così giovane ed alacre, agile e fresco. Ma basta un'occhiata allo specchio per confondermi. Questa è la stagione della maturità; debbo dunque produrre il più ed il meglio, riflettendo che forse il tempo concessomi a vivere è breve e che mi trovo vicino alle porte dell'eternità».

Cos'è stata la mia parabola! Mi sono sentito attratto al sacerdozio sin da ragazzo, cresciuto nella provincia veneta in una famiglia priva di censo e senza storia, fondata su principi indiscutibili, custode di valori originari, cristiana quanto bastava.

Invitato a lasciarmi plasmare da Cristo e a immergermi nella tradizione millenaria della Chiesa, provai a rispondere sin da principio all'interrogativo cui nessuno può sfuggire: «Chi è Gesù per me?». Dovetti dare una risposta non elusiva e la diedi: «Gesù è il figlio di Maria Vergine, il Salvatore, il Maestro, il fondatore della Chiesa, il Risorto, il Vivente».

Sono prete da oltre settant'anni, vescovo da quasi cinquanta, eppure per me Gesù è lo stesso che la mamma e i miei educatori mi insegnarono ad ascoltare e ad amare; lo stesso che appresi al catechismo parrocchiale e all'Azione Cattolica. È il Gesù dei preti e dei laici che mi edificarono, talora sino all'esaltazione, nel corso dei decenni.

Chi è Gesù? È colui che mi ha reso partecipe della natura divina e mi aiuta a esserne consapevole e a comportarmi in modo coerente, come ancora una volta mi suggerisce Giovanni XXIII, in una sua piccola nota del 1948: «La via più sicura per la mia santificazione personale resta lo sforzo vigilante di ridurre tutto: principi, indirizzi, posizioni, affari, al massimo di semplicità e di calma, con attenzione a potare sempre la mia vigna di ciò che è solo fogliame e viluppo di viticci, ed andare diritto a ciò che è verità, giustizia, carità, soprattutto carità. Ogni altro sistema di fare non è che posa e ricerca di affermazione personale che presto si tradisce e diventa ingombrante e ridicolo».

L'utopia, così la chiamano gli increduli, consiste nell'arrendersi a Gesù senza condizioni, nel leggere il suo Vangelo senza glossa, nel mettere il proprio io sotto i piedi e vedere lui in ogni nostro simile, servirlo e amarlo. Era questo il sentire di Papa Giovanni: un sentire che edifica e unisce.

Non sono contento di me e di sicuro non lo furono e non lo sono molti di coloro che incrociarono i loro passi con i miei.

Tendo la mano e chiedo la carità come il mendicante, e nell'attesa di ricevere il pane del perdono recito il Padre nostro sulla soglia delle case, come facevano i poverelli nei tempi andati.

A chi chiede dove si soffermano più sereni i miei ricordi, rispondo: in parrocchia, a Venezia, tra i ragazzi dell'Azione Cattolica, a Parma, tra gli avieri, e dappertutto, nelle ore silenziose e solitarie.

Del mio servizio decennale a Giovanni XXIII sono insoddisfatto, nonostante la mia dedizione e devozione. Mi punge il rimorso di non aver tratto tutto il beneficio di quella vicinanza, di non essere penetrato addentro nel segreto della sua *povertà di spirito*.

Nell'ultimo e misterioso suo tratto di strada, egli meritava un collaboratore più degno e dotto, più preparato ed equilibrato, e anche più coraggioso. Non mi riconosco infatti nell'esortazione di Paolo al suo Timoteo, invitato a rimanere saldo sulla roccia delle Sacre Scritture, «perché l'uomo di Dio sia completo e ben preparato per ogni opera buona» (*2 Tm* 3,16).

Accanto a Papa Giovanni, lo furono Alfredo Cavagna, suo confessore, e Angelo Dell'Acqua, sostituto della segreteria di Stato, ecclesiastici superiori a ogni elogio.

Adesso, in piena lucidità, vorrei sentir maturare in me la decisione espressa da Papa Giovanni nel suo testamento: «Chiedo perdono a coloro che avessi inconsciamente offeso, a quanti non avessi recato edificazione. Sento di non aver nulla da perdonare a chicchessia, perché in quanti mi conobbero, ed ebbero rapporti con me, mi avessero anche offeso o disprezzato o tenuto, giustamente del resto, in disistima, o mi fossero stati motivo di afflizione, non riconosco che dei fratelli e dei benefattori, a cui sono grato e per cui prego e pregherò sempre».

Mi fa buona compagnia un pensiero, non saprei dire se amaro o realistico, di Hermann Hesse: «Quando uno è diventato vecchio e ha adempiuto la sua parte, il compito che gli spetta è di fare, in silenzio, amicizia con la morte; non ha più bisogno degli uomini, ne ha incontrati abbastanza». Il gomitolo della mia esistenza si è dipanato tra due eventi funebri: la morte di mio padre quando avevo sei anni, di mia madre quando ne avevo sessantanove. Dentro questo spazio splende il transito pentecostale di Papa Giovanni. Pertanto l'angelo della morte mi sta appresso da sempre, e non è uno scheletro con la falce in mano; è un raggio di luce che squarcia le tenebre. La mia ora non può tardare. Ci penso ogni giorno, talvolta con un pizzico di malinconia, e mi dispongo al giudizio senza presunzione e senza timore. Non sono così stolto da ritenermi un giusto. Conosco quanto basta il consuntivo finale. Ripeto sovente: «Ho terminato la corsa, ho combattuto la buona battaglia, ho conservato la fede» (*2 Tm* 4,7). Nutro fiducia sulle sorti del pianeta Terra. Continuo a proporre attenuanti alle colpe dell'umanità, non per inclinazione al vituperato buonismo, ma per dovere di giustizia temperata dalla misericordia. Sul dipartirmi dal mio amato romitorio e dalle persone care, mi investe l'infiammato amore di san Francesco per tutte le creature: «Vorrei condurvi tutti in Paradiso»; e mi conferma nella fede il credo di Papa Giovanni: «La mia giornata terrena finisce. Il Cristo vive e la sua Chiesa ne continua l'opera nel tempo e nello spazio». Vedo nitidamente la breve sosta del mio frale sul pavimento della cappella domestica di Ca' Maitino e il salmodiante percorso verso il solatio e spoglio cimitero montano; vedo la bara scendere nella nuda terra e sento le voci degli accompagnatori dirmi piamente addio col volto rigato dalle lacrime e il sorriso sulle labbra, consapevoli che tutto è bello e nuovo nel fulgore del Risorto: tutto è grazia.

Santità, quando nella maschera mortuaria, rilevata da Giacomo Manzù, contemplo il vostro volto maestoso e placido, scavato dalla sofferenza; oppure quando prendo in mano uno dei vostri libri, che erano vostra delizia; o i vostri epistolari o il *Giornale dell'Anima*;

meglio ancora, quando vi rivedo e vi parlo nelle ore di preghiera e di contemplazione, qualcosa si scioglie dentro di me. La malinconia (se c'è) se ne va. Le ansietà si placano. Torna il coraggio. Fiorisce la speranza. Apro la Bibbia e leggo: «La sapienza dell'uomo rende sereno il suo volto» (*Sir* 8,1). E nasce in me il desiderio di divenire discepolo di Cristo come voi, discepolo non incerto né dubbioso, bensì deciso e costante; di imitarvi in quel vostro camminare a piedi nudi al seguito del Divino Maestro; nel rassettare le reti sulla riva del lago, nel remare nell'ora della tempesta e nell'andare «senza borsa, né pane né denaro» (*Lc* 9,3) da un villaggio all'altro, «integro e retto, timorato di Dio e lontano dal male» (*Gb* 1,1).

Ringraziamenti

Dedicarmi a questo libro è costato non poca fatica. Tornare con la memoria agli anni lontani della mia gioventù e a quelli del pontificato di Giovanni XXIII è stata la parte più piacevole del lavoro. A pesarmi, invece, come sempre in simili occasioni, è stata la necessità di uscire dal mio piccolo ruolo di silenzioso comprimario, di fedele contubernale.

Nel 1994, in occasione dell'uscita di un libro intervista dedicatomi da Marco Roncalli, *Giovanni XXIII nel ricordo del segretario*, la madre dell'autore mi confidò: «Mio figlio è uscito con questa battuta: "Quel benedetto monsignore mi ha fatto sudare sette camicie per strappargli qualche confidenza sui rapporti personali con Papa Giovanni"».

Questa volta ho vinto la mia ritrosia perché don Ezio Bolis ha ricostruito i miei racconti in modo che queste pagine fossero intese non a far conoscere me, ma a invitare il lettore ad accostarsi alla figura dell'«uomo mandato da Dio di nome Giovanni» e al periodo storico che include il Concilio Vaticano II, definito da Papa Wojtyla e Papa Ratzinger «stella polare del secolo ventunesimo». Don Ezio e gli amici della Fondazione Giovanni XXIII, grazie al loro lavoro di promozione e conservazione culturale, offrono uno strumento utile all'approfondimento storico, evitando derive sentimentali e inopportune mitizzazioni.

Stiamo percorrendo l'Anno della fede nel ricordo del Concilio Vaticano II. Palpita il cuore di Benedetto XVI nei nostri cuori. Siamo impegnati a pregare e a servire ponendoci sulla stessa lunghezza d'onda di Papa Francesco. Con lui e con gli uomini e le donne di tutto il mondo.

Ispirati dalla semplicità del nuovo Pontefice, torniamo con la memoria a un passaggio del discorso d'insediamento che Giovanni XXIII tenne il 23 novembre del 1958 nell'arcibasilica Lateranense:

> L'ingresso del Pontefice nuovo ha perduto lungo la via il fasto dei bei tempi lontani: ma quanto ha acquistato di spiritualità, e di intima penetrazione! Non è più al principe, che si adorna dei segni della possanza esteriore, che ormai si riguarda: ma al sacerdote, al padre, al pastore.

È in questo principio di intima umiltà che troviamo la chiave per rileggere il messaggio giovanneo e per ritrovare nelle sue parole, seppur lontane nel tempo, una testimonianza di inconsumata modernità.

LORIS FRANCESCO CAPOVILLA
ARCIVESCOVO DI MESEMBRIA
Sotto il Monte Giovanni XXIII
7 aprile 2013

Indice dei nomi

Indice

Finito di stampare nel mese di maggio 2013
presso il Nuovo Istituto Italiano d'Arti Grafiche – Bergamo

Printed in Italy